수행평가란
무엇인가

수행평가란 무엇인가

초판 1쇄 발행 2019년 6월 17일

지은이 | 강대일, 정창규

발행인 | 김병주
출판부문대표 | 임종훈
주간 | 이하영
편집 | 박현조
디자인 | 디자인붐
마케팅 | 박란희
펴낸 곳 | (주)에듀니티(www.eduniety.net)
도서문의 | 070-4342-6110
일원화 구입처 | 031-407-6368 (주)태양서적
등록 | 2009년 1월 6일 제300-2011-51호
주소 | 서울특별시 서대문구 연희로 2길 76 4층

ISBN 979-11-6425-030-1 (13370)
값은 표지에 있습니다.

배움을 이끄는 총체적 역량의 평가

수행평가란
무엇인가

강대일 · 정창규 지음

ᕦᕤ 에듀니티

들어가며

교사라면 수행평가를 모르는 사람은 없을 것이다. 당장 실시하고 있는 평가이기도 하거니와 현장에 도입된 지 제법 오랜 시간이 지났다는 점에서도 그렇다. 그런데 아는 것과 잘하고 있는 것에는 분명한 차이가 있다. 즉 수행평가를 알고는 있지만 시행하는 입장에서 잘하고 있는지는 또 다른 문제가 되는 셈이다.

2015개정교육과정과정이 현장에 적용되면서 과정중심평가가 강조되고, 이 흐름에 편승하여 수행평가가 다시 한번 현장에서 각광받고 있다. 하지만 여전히 수행평가가 어렵고, 현장에서 실천하기 쉽지 않다는 이야기가 많다. 어떤 이는 과정중심평가가 바로 수행평가라고 이야기하기도 한다. 본 저자들은 『과정중심평가란 무엇인가』에서 과정중심평가에 관한 오해 중 하나가 바로 과정중심평가와 수행평가의 혼동이라고 이야기한 바 있다. 그럼에도 불구하고 현장교사들 사이에 과정중심평가가 바로 수행평가라고 오해하는 부분이 있어 '수행평가'가 정확하게 무엇이고, 또 어떻게 잘 시행할 수 있는가를 나누고자 한다.

수행평가 도입 이전의 학교에서는 수업과 평가 모두 지식적인 부분에 치우쳐 있었다. 21세기 사회에서의 성공적인 삶은 고등사고능력 뿐만 아니라 높은 수준의 정의적, 심동적affective and psychomotor 역량을 그 어느 때보다도 필요로 한다. 나아가 복잡하고 끊임없이 변화하는 사회 상황에서 감정적, 정서적 안정 없이는 지적 역량을 발휘하기도 어렵다. 특히 다가올 미래사회에서 대부분의 일은 개인보다는 팀 단위로 협동하여 해결해야 할 것이기에, 타인과 조화롭게 일할 수 있는 감성적 역량은 점차 지적 역량보다도 우선시될 것이다. 이러한 맥락에서 수행평가의 도입은 학생 평가 입장에서 획기적인 변화이고, 취지와 방향성에서도 교육적으로 엄청난 의미를 지닌다. 그런데 이런 교육적 의미가 있는 수행평가를 현장에서 시행하고 있으나 원래의 취지를 살리지 못하고 있다. 왜 그럴까? 원인을 찾아야 한다.

이를 위해 수행평가가 현장에 도입된 지 올해 20년째를 맞이하여 수행평가를 다시 한번 성찰하고, 현장에서 실제 어떻게 수행평가가 이루어지고 있는지 살펴봐도 의미 있을 것이다. 특히, 2016년 4월 6일 훈령 169호에 수행평가에 관한 사항이 개정되고 2015개정교육과정에 수행평가가 확대되고 있는 방향에서 수행평가에 대해 제대로 알고, 이를 바탕으로 실행에 옮겨본다는 것은 교육적으로나 교사인 우리들에게나 성장과 발달을 돕기 위한 대상인 학생에게나 여러모로 도움이 될 거라 확신한다.

이 책은 『평가란 무엇인가』시리즈 세 번째 책이다.『평가란 무엇인가』와 『과정중심평가란 무엇인가』에서 수행평가의 의미와 수행평가에 대한 평가방법, 과목별로 몇몇 사례를 이야기했다. 이번 『수행평가란 무엇인가』는 그동안 이야기한 내용들을 기반으로 현장에서 직접 적용하고 실천하여 보완까지 마친 사례를 중심으로 썼다. 또한 학생 평가의 전반적인 논의보다는 수행평가에 한하여, 약 20년간 행해진 수행평가를 현재의 평가 패러다임 및 철학에 맞게 실천한 사례들을 담아 실질적으로 도움될 수 있는 평가를 이야기하고자 했다.

또 '왜 수행평가여야만 하는가'에 대한 교육적 당위성을 가지고 접근하기에, 보다 현실적이면서도 실질적인 안내를 목표로 했다. 예를 들어 우리가 일반적으로 알고 있는 수행평가방법으로는 해당 성취기준에 적합한 평가방법이 떠오르지 않았던 경험은 어느 선생님이나 한 번쯤 있을 것이다. 본 저자들 역시 그러한 경험을 되짚어 수행평가방법을 다시한번 정선하였다. 최근 수업방법 및 평가 장면에 기반하여 성취기준에 적합한 평가방법을 안내하고, 현장에서 평가방법 선정의 고민을 최소화하며, 수행평가를 실제 어떻게 할 수 있는지 체계적인 프로세스를 통해 누구라도 보다 쉽고 명료하게 접근할 수 있게 돕고자 했다.

수행평가라는 말에는 많은 의미가 담겨져 있다. 평가의 한 가지 유형일 뿐 아니라 교사의 교육과정에 관한 로드맵이 담겨 있다. 성취기준을 알고, 분석할 줄 알아야 하며, 적합한 수행평가방법을 선정할 줄 알아야 한다. 그리고 선정한 평가방법에 맞는 교수-학습 안을 기획하여 교육과정-수업-평가를 일체화해야 한다.

이처럼 수행평가를 안다는 말은 평가방법 한 가지를 안다는 뜻을 넘어 평가방법이 수업을 견인하고, 수업이 평가를 견인하는 데 의미 있는 지점을 만들 수 있다는 뜻이다. 이를 위해 먼저 알고 실천한 사례를 중심으로 선생님들의 수행평가 역량을 함양하는 데 미욱한 힘이나마 보태고자 한다.

수행평가는 초·중·고 급별에 따라 다를 이유가 없음에도 불구하고, 각 현장에서 수행평가를 해석하고 실행하는 모습은 조금씩 차이를 보인다. 아무래도 입시에 직접적인 영향을 받는 고등학교는 공정성의 차원에서 객관적 평가에 치중하는 경향이 강한 것이 사실이다. 반면 초등학교에서는 비교적 입시에서 자유로운 상황이라 객관성, 공정성보다는 타당성을 더욱 강조할 수 있다. 그럼에도 불구하고 수행평가가 갖는 교육적 의미는 급별과 무관하게 변함없다.

이 책은 다음과 같이 구성되어있다.

1장은 수행평가에 대한 도입배경, 개념, 특징, 문항개발 절차, 유의할 점 등 이론적인 내용을 주로 다루었다.

2장은 수행평가 방법을 평가 주체, 평가 기록 방법, 평가 영역, 평가 활동(장면)에 따른 수행평가 방법을 예시를 들어 설명하였다.

3장은 수행평가의 구성, 수행과제, 채점기준, 평가기준과 피드백을 사례를 통해 과정을 설명하였다. 1장부터 3장까지는 주로 이론적인 내용이라 다소 딱딱할 수 있다. 하지만 하나하나 읽어본다면 수행평가의 개념을 이해하는 데 도움이 될 것이다.

4장은 현장에서 실제 수행평가를 제작하여 운영했던 사례를 과목과 과목별 대표적인 평가방법을 선정하여 제시하였다. 교실에서 수행평가를 운영했던 저자의 노하우와 아쉬웠던 부분의 진솔한 이야기를 다루었다. 또한 한 단계 발전하기 위한 수행평가 제언하기로 구성하였다. 교실 속 실제 이야기를 풀어 쓴 만큼 수행 평가 운영이 머릿속에 그려져 쉽게 이해할 수 있을 것이다.

　이번 『수행평가란 무엇인가』는 교실 현장에서 학생들과 교육과정성
취기준을 기반으로 고민하여 제작하고 적용한 수행평가 문항들을 소개
하고, 학생들의 반응에 피드백한 이야기를 가감 없이 담아 집필했다.
　이 책이 수행평가를 고민하는 선생님들의 어려움을 조금이나마 덜어
주고, 학교현장에서 평가가 학생과 교사에게 좀 더 의미 있는 교육적
기제로 작동되는 출발점이 되길 손 모아 기대한다.

강대일, 정창규

차례

실기
보고서법
프로젝트
포트폴리오

3장 · 수행평가 문항 제작하기

4장 · 수행평가 문항 사례

5장 · 수행평가를 위한 제언

1장

수행평가란
무엇인가

전통적인 평가방식인 선택형 검사의 대안적 평가방식으로 등장한 수행평가는 21세기 정보화 사회가 요구하는 종합적이고 다양한 고등사고능력을 측정하는 평가방식으로 자리매김하며, 학교현장에 커다란 영향력을 미치고 있다. 학교 현장의 수행평가는 이제 학문적 범위를 넘어서 실제 학습 현장에서 의미 있는 평가로 자리 잡았고, 그 관심도 점점 커지고 있다. 그러나 여전히 수행평가라는 개념은 생각보다 명확하지 않다. 그래서 현장에서 발현되는 모습 역시 제각각인 것도 사실이다. 우리말사전에서 수행performance은 '어떤 일이나 과제를 실제로 처리해 내는 행위(또는 행동)'을 뜻하고, 이때 수행이란 어떤 행위의 과정process과 결과product를 모두 내포한다. 그러나 수행평가는 일상용어가 아니고 사전에도 등재되어 있지 않기 때문인지, 학자마다 관점이나 강조점에 따라 조금씩 다른 개념으로 정의하기도 한다. 그래도 다른 개념의 정의들에서 하나의 공통점을 찾을 수 있는데, 바로 '피평가자들의 수행 장면을 평가자가 직접 관찰에 의한 판단'한다는 점이다. 그래서 수행평가를 시행할 때 평가자의 주관성을 배제할 수 없다는 선천적 한계는 부정하기 어렵다.

수행평가의 도입배경

　수행평가Performance Assessment는 지필평가Paper Pencil Test의 대안적 평가로 도입되었다. 이는 대안적 평가란 용어에서 엿볼 수 있듯 지필평가로는 측정하기 어려운 점을 보완하고, 지식뿐 아니라 기능 및 가치·태도를 균형 있게 평가하고자 하는 취지였다. 이는 수행평가가 도입되기 전까지 실시되었던 지필평가의 한계를 인지한 것으로도 해석할 수 있다. 수행평가가 도입되기 전까지 학생들은 국가주도적 평가정책으로 말미암아 정해진 시험기간에 주어진 시험범위에서 교과서 위주의 단순 지식을 암기하고, 오지선다형으로 몇 개중 옳지 않은 것 혹은 옳은 것 1개를 고르는 평가를 할 수밖에 없었다. 그 결과로 학생들은 평면적으로 서열화되었다. 이러자 과연 평가의 목적이 무엇인지, 평가결과가 이렇게 활용되는 것이 교육적인지에 대한 의구심이 들기 시작했다.

　이러한 인식에 편승하여 때마침 6차 교육과정에서 제시한 편성 운영의 기본지침 중 평가지침[1]에서 "평가는 선다형 일변도의 지필검사를 지양하고, 서술형 주관식 평가와 표현 및 태도의 관찰평가를 조화롭게 이루어지도록 한다"라고 제시되었다.

서울시교육청에서는 1997년 「초등교육 새 물결 운동」[2]의 첫 번째 과제로 채택하여 운영하였다. 1998년 교육부에서는 「새로운 대학입학제도와 교육비전 2002:새 학교문화 창조」를 통해 수행평가를 발표하였고, 1999년 수행평가가 전국적으로 일제히 도입되었다. 수행평가를 통해 학교에서 지필평가위주의 학교 성적평가를 지양하고 관찰, 실험, 실습, 구술, 토론, 연구보고서, 포트폴리오 등의 다양한 평가방법을 적용하여 사교육 해소에 기여하고 공교육을 정상화하겠다는 것이었다. 이렇게 우리나라에서 평가 변화의 물꼬가 트였다. 다만 아쉬운 대목이 있다면 평가의 변화는 거침없이 시작되었지만, 상대적으로 수업에 대한 논의는 평가에 발맞춰 따라가지 못했다는 점이다. 그때나 지금이나 수업의 본질적인 의미는 큰 차이가 없겠지만, 적어도 평가를 염두에 둔 수업의 변화는 상대적으로 미비했다. 교육과정-수업-평가 일체화(일관성)에 대한 이야기가 회자된 것이 불과 몇 년이 안 된 것을 상기해보자. 다양한 평가를 이야기하지만, 결국 수업이 변하지 않으면 정책의 추진과정 입장에서나 교실 속 변화를 이야기하는 데 한계가 있을 수밖에 없다.

---

1 교육부 고시 제 1992-16호

2 서울시교육청에서 1997학년도를 「새로운 서울교육 창조의 원년」으로 설정하고, 「초등교육 새 물결 운동」을 추진하여 체험 중심의 인성교육, 수행평가 등을 강조 및 도입하였다.

수행평가의 개념 및 특징

1. 수행평가의 개념

수행평가에 대한 정의를 다시 한번 명확히 하자. 학교생활기록 작성 및 관리지침에 의하면 수행평가는 '교사가 학생들의 학습과제 수행 및 결과를 직접 관찰하고 그 결과를 판단하는 평가'라고 명시하고 있다.

한국교육과정평가원에서는 학생 자신의 지식 및 기능의 습득 여부를 산출물을 만들어 내거나 실제 수행을 통해 보이는 방식이라고 정의하고 있다.

수행평가는 학생들이 지식을 아는 것도 중요하지만, 지식을 실제로 적용할 수 있는지 기능적인 측면을 파악하는 것도 중요하다. 이를 위해서는 실제상황에서 평가가 필요하며, 상시적인 평가로 학생에게 피드백을 주어야 한다.

이렇듯 수행평가는 대안적인 평가alternative assessment, 실제적인 평가
authentic assessment, 직접 평가direct assessment, 과정 평가 등의 특성을 모두 포
괄한다.

· 수행평가의 특성 ·

유사 용어	주요 특성
대안적 평가	· 한 시대의 주류를 이루는 평가 체제와 비교하여 그 패러다임과 목적을 달리하는 평가 체제 · 선택형 문항 중심의 지필평가에 대한 대안적인 평가 · 일회성 정기고사에 대한 대안적인 평가 · 결과 중심의 평가에 대한 대안적인 평가(결과뿐만 아니라 과정에 대한 평가 강조)
실제적인 평가	· 실제상황에서 발휘할 수 있는 능력을 평가하고자 함 · 평가 상황이 가능한 한 실제상황과 유사해야 함 · 진정한 평가, 참평가(true assessment)라고도 함. 진정한 평가로 옮기기도 함
직접적인 평가	· 간접적인 평가방법보다는 직접적인 평가방법을 중시 · 답을 선택할 수 있는 것보다 답을 직접 서술하거나 구성할 수 있는 것을 중시 · 예를 들어 작문 능력을 평가하기 위하여 실제로 글을 쓰도록 하여 평가하는 것
과정 평가	· 학습의 과정, 또는 수행의 과정을 평가하고자 함 · 수업과 연계하여 수업 과정에서 평가를 하고자 함 · 본질적으로는 평가가 학습의 일환으로 기능하기를 기대함

출처: 「과정을 중시하는 수행평가 어떻게 할까요?」, 한국교육과정평가원(2017)
연무자료 ORM 2017-19-1

2. 수행평가의 특징

첫째, 수행평가는 일회적인 평가보다는 학생 개개인의 변화와 발달
과정을 종합적으로 평가하기 위하여 평가의 지속성을 강조한다. 예를
들어 학생들의 글쓰기를 포트폴리오 형태로 평가하여 한 학기 단위의
평가를 하는 이유도 여기에 있다. 지필평가의 경우엔 고정적 평가라 불

릴 만큼 정해진 시기에 한 번의 결과로 모든 것을 판단하지만, 수행평가의 경우엔 학습의 과정을 들여다보면서 학생들의 성장과 발달의 지점들을 눈여겨보며 기록한 결과를 종합해 평가할 수 있다.

둘째, 수행평가는 결과뿐만 아니라 과정도 중시한다. 배움의 과정 속에서 교사가 명확한 잣대로 평가하고, 그 결과를 피드백하여 학생의 성장과 발달에 도움을 주어야 한다.

셋째, 수행평가는 그 방식에 따라 개인, 소집단, 대집단 단위로 진행할 수 있다. 개인 단위 평가에서 확인하기 어려운 의사소통 및 협업 능력 등의 요소는 집단 단위의 과제 수행 중 상호작용에서 확인하고, 향상시킬 수 있다. 이는 도달해야 하는 성취기준에 따라 만든 수행과제를 해결할 때, 어떤 형태가 좋을지 판단해야 한다는 의미이기도 하다. 만일 소집단 및 대집단 형태로 진행한다면 무임승차를 방지하기 위해 동료 평가 등의 완충장치를 마련하는 것도 좋다.

넷째, 수행평가는 실제상황에서 발생할 수 있는 문제 상황과 유사한 형태로 구성되어야 한다. 예를 들어 발야구 수행능력을 평가하기 위해서는 실제로 발야구 하는 상황을 평가해야지, 공차기, 주고받기 등의 인위적인 평가방식으로는 실제의 능력을 평가하는 데 한계가 있다는 뜻이다. 이는 수행평가의 목적성과도 관련이 있는데, 가급적 실제상황과 관련 있는 과제를 부여함으로써 학생들에게 문제해결을 위한 도전 의식을 제시하는 동시에 삶과 밀접한 과제를 수행할 수 있는 기회를 준다면 더욱 의미가 있을 것이다.

　다섯째, 수행평가는 학생이 정답을 고르기보다 스스로 답을 작성하거나 행동으로 나타내는 등 능동적인 학습 활동을 유도하고, 이로써 고등 사고능력을 키울 수 있게 돕는다. 우리는 그동안의 오지선다형 평가에 익숙해져 있다. 이는 정확한 의미와 맥락을 몰라도 무조건 외우기만 하면 된다는 식의 분위기를 조성했다. 그래서 족집게 선생님의 타이틀을 가진 자들이 사교육 시장에서 인기를 얻게 된 면도 없지 않을 것이다. 그런데 학생들의 지식을 기반으로 한 수행능력을 살펴보고자 하면, 무조건 외우면 된다는 식의 개념에서 벗어날 수 있다. 나아가 명제적 지식이 절차적 지식이 되고 이러한 지식과 기능이 삶과 밀접하다면, 학생들의 학습의 동기를 마련할 뿐 아니라 평가의 기제를 통해 학습의 유의미성을 재발견할 수 있는 기회가 될 수도 있을 것이다.

　여섯째, 수행평가는 학생의 인지적인 영역뿐만 아니라 기능이 중심되는 심동적 영역, 학생 개개인의 흥미, 태도, 협력, 참여 등 정의적인 영역을 포함하여 종합적이고 전인적인 평가를 중시한다. 시험지 한 장에 많은 것을 담으려고 해도 생각보다 쉽지 않다. 기능을 확인하기 위해 질문지를 사용하는 것은 한계가 있다. '운지법을 바르게 익힐 수 있다'라는 성취기준 도달정도를 확인하기 위해 직접 단소를 불게하지 않고, 시험지에서 운지법을 제대로 나타낸 것을 고르는 문제는 전혀 다른 개념의 평가가 되는 셈이다. 그뿐 아니라 도덕과의 경우 '책임감을 기를 수 있다'의 행동적 요소가 나타나 있는 성취기준 도달정도를 확인하기 위해서 오지선다형으로 묻는 것은 자칫 학생들을 양심을 시험하는 일이 될 수도 있다. 이럴 땐 수행평가를 통해서 기능, 가치·태도를 제대로 관찰하고 판단하는 방법이 온당하다.

일곱째, 수행평가는 학생의 지식이나 기능이나 태도 등을 평가할 때 교사의 전문적인 판단에 따라 평가한다. 모든 평가를 객관적으로만 할 수는 없고, 평가내용에 따라서는 교사의 주관이 평가에 반영될 수 있다. 점수화가 되면서 객관성과 신뢰성만을 강조하다가 되레 평가하고자 하는 것을 제대로 평가하지 못하는 경우가 그리 드물지 않다. 점수화를 지양하고 교사의 평가권을 보장하여 학생을 제대로 평가할 수 있어야 한다.

여덟째, 학생평가의 주체가 교사중심에서 교사와 학생이 함께하는 방향으로 전환되어야 한다. 평가자의 확대는 학생들이 평가목표를 명확하게 인식하여 성취도 향상에 도움이 되고, 학생의 수업 참여도도 향상시킬 수 있다. 다양한 평가방법을 활용하고, 교사와 학생이 협업하여 수행 과정과 결과를 기록으로 남긴다면 학생의 성장과 변화를 더욱 잘 관찰할 수 있으며, 수행평가의 신뢰도 또한 높일 수 있다.

수행평가 문항제작 절차

　수행평가 문항은 '수행과제'라고 부르기도 하는데, 단순한 시험문제가 아니라 학생들이 활동을 통해 해결해야 할 과제이기 때문이다. 따라서 수행평가는 교육과정, 수업과 밀접한 관련이 있다.

　이해중심 교육과정(백워드 교육과정)에서는 교육계획을 세우는 과정에서 수업계획을 수립하기 전에 성취기준에 도달하기 위한 수행과제를 먼저 설정하고, 이를 실천하기 위한 수업계획을 구성하는 방법으로 기존의 수업계획과 평가계획을 바꿔서 계획을 수립하는 방식을 사용한다. 이는 학습과정에서 학생들이 수행해야 할 과제들이 평가의 대상이 된다는 의미이고, 최근 프로젝트 수업에서도 많이 활용하는 방법이기도 하다.

• 수행평가 시행 절차 •

단계	내용
평가계획 수립단계	○ 교육과정 분석 ○ 성취기준에 적합한 평가 유형 결정 – 성취기준의 내용과 행동 요소 확인 – 수행평가, 지필평가방법 확인 ○ 학급평가계획 수립하기
평가 문항 제작	○ 성취기준 분석을 통한 평가요소 선정 – 내용 타당성 확보 – 평가요소의 중복 및 누락 점검
	○ 수행평가(과제) 개발 – 평가문항 초안 작성 – 평가기준표 작성 • 채점기준표(루브릭) 작성
	○ 수행평가(과제) 검토 – 평가기준의 타당도 – 수행평가의 적합성
	○ 수행평가(과제) 확정
평가 실시	○ 평가 전 평가기준 제시 ○ 실제상황에서의 평가 제시
채 점	○ 채점기준표에 적합한 채점 방법 선택 – 평가기준 확인 – 체크리스트, 평정척도법, 일화기록법
평가결과 처리	○ 피드백(재학습) ○ 평가결과 공개

수행평가 문항 개발 절차는 크게 평가계획서 수립단계와 수행평가 문항(과제) 작성단계로 구분할 수 있다. 평가계획은 수업 전에 하는 단계이며 평가문항 작성은 수업 중 또는 수업 후에 한다. 프로젝트 학습, 실험 실습법 등 경우에 따라서는 수업을 시작하기 전에 문항을 작성하는 경우도 있다. 이것이 일반적인 지필평가의 문항 제작 절차와의 차이라고 할 수 있다.

1. 성취기준 분석을 통한 평가요소 선정

성취기준은 학생들이 학습을 통해 성취해야 할 지식, 기능, 가치·태도의 특성을 진술한 것으로 학생들에게 무엇을 가르쳐야 할 것인지에 대한 목표를 제시해야 한다. 또 제시된 성취기준 하에서 평가해야 할 요소를 선정해야 한다. 선정한 평가요소가 성취기준의 도달을 확인할 수 있는지, 누락된 요소는 없는지를 확인해야 한다. 성취기준과 관련 없는 평가요소가 포함되거나, 반영해야 할 중요한 부분에 누락되지 않도록 거듭 확인해야 한다. 이로써 평가의 내용 타당도를 확보하는 것이 중요하다.

2. 수행평가(과제) 개발

성취기준 도달정도를 확인할 수 있도록 추출된 평가요소에 적합한 평가방법을 선정하고, 평가문항(과제)의 초안을 작성해야 한다. 초안 작성

단계에서는 전체적으로 문항 구성에 필요한 요소들을 빠뜨리지 않아야 한다. 또한 작성한 초안과 함께 평가기준표를 작성해야 한다. 평가방법에 따라 출제한 문항의 기본답안(예상답안), 인정답안 등과 분할기준에 따른 부분 점수 및 유의사항 등이 포함되어야 한다.

3. 수행평가(과제) 검토

초안 문항을 제작했다면 다음으로 문항(과제)이 성취기준의 도달정도를 확인할 수 있는지, 수행평가에 적합한지, 평가기준표는 균형 있게 제시되었는지를 점검해야 한다. 한 번에 좋은 문항을 만들기란 쉽지 않다. 따라서 동학년 교사와 함께 검토하는 것이 좋다. 이때는 평가 장면, 답안조건, 평가요소의 적절성 및 학생들의 다양한 반응 사례, 채점의 용이성 등을 집중적으로 살펴봐야 한다.

4. 수행평가(과제) 확정

컨설팅 과정에서 발견한 문제점 등을 자세히 따져 본 후 초안 문항에 반영할 것과 반영하지 않을 것을 결정하고 수정 작업에 들어간다. 수정보완을 마치면 최종으로 인쇄하고, 수정사항이 최종 문항에 제대로 반영이 되었는지 다시 한번 검토한 뒤 시험지 유출에 각별히 신경을 쓰며 마무리한다.

수행평가와 과정중심평가

　수행평가는 과정중심평가인가? 그렇다면 굳이 과정중심평가란 말을 새롭게 사용하는 이유는 뭘까? 라는 의문이 든다. 수행평가가 현장에서 20년 가까이 제대로 시행되지 못하고 있는 실정인데 과정중심평가가 새롭게 도입되었다. 이에따라 어쩌면 기존의 수행평가와 최근에 새롭게 언급되는 과정중심평가 모두 자칫하면 내실 없는 천덕꾸러기도 전락할 지도 모른다. 지역마다 과정중심평가를 정의하는 방식이 사뭇 다르고, 수행평가를 강조하는 정도도 저마다 다른 상황이기에, 수행평가와 과정중심평가에 대한 정확한 이해가 더욱 중요해지고 있다.

　수행평가는 이미 살펴보았듯이 지식, 기능, 가치 · 태도의 종합적인 면을 평가한다는 점에서 큰 의미가 있다. 이는 역량과도 밀접한 관련성이 있다. 역량의 특성 중 총체성은 인지적, 비인지적 측면을 모두 포괄하는 종합적인 능력으로서, 이러한 요소들이 유기적으로 연결되어 있다는 것이다. 수행성은 역량이 실제 수행상황에서 가동되는 능력, 즉, 수행능력으로서의 측면을 강조하는데, 지식과 기능, 가치·태도를 동원하여 어떠한 문제를 해결하는 능력을 의미한다. 이처럼 수행평가는 지식 측면만 강조하던 평가 분위기에서 학생들의 총체적인 능력을 평가하고자 하는 목표를 가지고 등장했다.

반면 과정중심평가는 그 동안 결과중심적 사고에서 결과 못지않게 과정도 중요하다는, 관점의 변화 자체를 의미한다. 이는 지식을 측정하려고 할 때나 지식, 기능, 가치·태도를 종합적으로 평가하려는 수행평가 모두 포괄하는 개념이다. 즉 최종적인 도달정도를 확인하기 전까지 일련의 프로세스를 의미하는 것이다. 운전면허증을 취득하기 위해서는 코스주행, 도로주행 등 거쳐야 하는 과정이 있다. 그 과정에서 익혀야 할 기술을 제대로 습득하지 못하면, 시험 당일에 당락을 장담할 수 없다. 우선은 필기를 통과해야만 실기시험 자격을 볼 수 있고, 실기시험에서도 코스주행을 통과해야만 도로주행의 기회를 얻어 결국 운전면허증을 취득하는 과정과 같다고 이해하면 쉽겠다. 그런데 수행평가가 바로 과정중심평가라고 주장한다면 지식을 습득하는 단계는 필요 없단 말인지 되묻지 않을 수 없다. 물론 지필평가 및 수행평가 모두 과정을 중시하며 학생이 학습목표에 제대로 도달할 수 있도록 한다는 점에서 과정중심평가라는 의미 역시 띨 수 있다고 본다. 다만, 수행평가 vs 과정중심평가 내지는 총괄평가[3] vs 과정중심평가 등의 도식적인 접근으로 학교 현장에 혼동을 야기하는 경우가 줄었으면 하는 바람이다.

그런데 왜 '수행평가가 곧 과정중심평가고, 과정중심평가는 바로 수행

---

3 총괄평가는 교과의 단원이나 영역의 학습이 종료된 후에 교육과정 성취기준의 도달정도를 확인하는 평가이다.

평가'란 말이 확산될까 생각해보면 수행평가의 특성상 학생들의 수행 과정을 관찰할 수 있다는 점에서 기인한다고 볼 수 있다. 그렇지만 수행평가라고 무조건 과정 속에서 평가하는 것이 아니라 한 단원을 다 마친 후에 평가할지 과정 속에 평가해야 할지는 성취기준에 따라, 혹은 수업 중 평가가 어떤 의미가 있을지에 따라 고민하며 판단해야 할 일이다. 즉 수행평가라 할지라도 무조건 과정만을 평가하는 것은 아닌 것이다.

이때 생각해봐야 할 평가가 형성평가이다. 형성평가는 학생의 학습도달 여부를 최종 확인하여 등급, 점수를 주는 총괄평가와 달리, 애당초 성취기준을 분석하여 계획한 교수학습과정에서 다음 차시를 배우기 전에 반드시 확인하고 넘어가야 할 지점에서 평가를 실시한다. 이때 주의할 점으로는 학생들의 잘하고 못하는 식의 줄 세우기가 아니라, 어떻게 추수지도를 하여 학생들에게 의미 있는 배움을 북돋을 수 있을까 하는 목적을 잊지 않는 것이다. 즉, 학생을 평가하되 그 결과는 교사에게 교수학습의 변화를 유발하는 것이 주된 목표라는 점에서 총괄평가와 큰 차이가 있다.

만일 누군가가 과정중심평가가 특정 평가 유형이 아닐지라도 현존하는 평가와 가장 근접한 유형은 무엇이냐고 굳이 묻는다면 조금의 망설임도 없이 형성평가라 답하겠다.

수행평가 시
유의점

　수행평가의 개념을 명확하게 이해한 뒤에야 수행평가를 제대로 실시할 수 있다. 과거 수행평가지를 들여다보면 과연 이 평가지가 수행평가지인지, 지필평가지인지 헷갈릴 때가 많다. 수행평가 역시 객관적이어야 한다는 학교현장 분위기가 평가지에 고스란히 담겨 있기 때문이다. 지금도 '평가는 공정하고, 객관적이어야 한다'는 명제는 크게 변하지 않았다. 이런 통념과 달리, 공정성은 교육에 적합한 기준이 아니다. 이는 운동경기에 더 어울리는 말이다. 교육에 있어서는 공정성과 객관성보다는 타당성과 신뢰성을 논해야 한다.

　타당성이란 내가 가르친 것을 평가했느냐의 문제이고 신뢰성은 반복해서 평가해도 같은 결과가 나오느냐의 문제이다. 그런데 수행평가라고 할지라도 학생들의 수행 과정을 살펴볼 때에 성취기준과 무관한 장면을 평가한다는 측면은 타당성에 어긋난다. 예를 들어 농구를 평가하는데 자유투 성공 개수로만 평가하는 것은 타당도나 신뢰도 측면에서 누가 보더라도 동의할 수 있는 기준인지 살펴봐야 한다. 수행평가는 과거 평가방법들의 한계를 극복하기 위해서 제시되었다. 그런 만큼 그동안의 평가 관념에서 벗어나야 한다. 수행평가는 지필평가와 달리 명확한 산출물이 나오지 않는 경우가 많다. 그러므로 교사는 지필평가보다 수행평가에 대한 평가 전문가로서의 역량을 키워야 한다. 특히 정량평가보다 정성평가가 많은 경우, 교사는 명확한 기준을 가지고 평가에 임할 수 있어야 한다. 그래야 평가에 대한 권위를 확보할 수 있다.

여태 우리는 수행평가를 어쩌면 쉽고도 편하게 실시한 것일지도 모른다. 일명 필feel 평가라 불릴 만큼 직감에 의한 평가를 많이 해온 것도 사실이다. 정량적인 정확성보다는 평가자가 관찰하고 판단해야 하니 그럴 수 있는 측면도 있지만, 그렇다고 아무런 기준 없이 평가하는 것은 온당하지 못하다. 어떤 평가라 할지라도 피평가자가 납득할 수 있어야 하고, 교육적으로 유의미해야 한다.

이를 위해 유의할 점은 다음과 같다.

첫째, 수행평가는 과정과 결과를 함께 평가해야 한다. 과거에는 결과 중심의 평가가 지배적이었다. 과제를 수행하는 과정에서의 태도와 변화 과정이 평가의 중요한 지점들인데, 이를 누락하면 제대로 된 평가를 하기 어렵다. 수행평가는 학생들이 수행하는 과정을 평가해야 한다. 이를 위해 학생들이 배운 내용을 바탕으로 직접 수행과제를 해낼 수 있는지를 다양한 방법으로 확인하는데, 이때 인지적, 심동적, 정의적 영역을 종합적으로 평가해야 한다. 과정만을 중시하면서 결과를 등한시하는 경우도 있는데, 이는 평가의 본질에 어긋난다.

둘째, 선택형 평가방법을 지양해야 한다. 수행평가의 가장 큰 장점은 학생의 고등사고능력을 측정할 수 있다는 점이다. 또한, 아는 것과 할 수 있는 것을 함께 평가해야 한다. 선택형 평가와 단순 암기 위주의 평가는 이런 취지에 전혀 맞지 않는 방법이다. 또한 선택형 평가는 학생의 수행을 중심으로 하는 평가에 적합하지 않다. 수행평가가 지필평가[4]의 연장 선상에 놓이지 않도록 적합한 방법을 선택한다. 또한, 주지 교과에서는 논술형 평가를 가장 많이 사용하는데, 백순근(2000)[5]의 '수행평가 본질을 구현하는 정도에 따른 평가방법의 분류'에 따르면 논술형 평가의 수행성이 가장 낮다고 한다.

셋째, 정의적 영역(가치 · 태도)을 평가해야 한다. 학생을 평가할 때는 인지적(지식), 심동적(기능), 정의적 영역(가치 · 태도)을 조화롭게 평가해야 한다. 그런데 실제 대부분의 평가가 인지적 영역과 심동적 영역을 중심으로 이뤄진다. 수행평가에서는 정의적 영역인 학생들이 참여하는 태도와 팀원과의 협력 등을 평가해야 한다. 특히 협력적 해결능력에 대한 평가가 함께 이루어져야 한다.

---

4   선택형과 서답형 평가방법의 대명사이며, 중등에서는 중간고사를 1차 지필평가, 기말고사를 2차 지필평가라고 칭한다.

5   백순근(2000). 수행평가의 원리. 교육과학사. p68.

넷째, 과제물 중심의 평가를 지양해야 한다. 수행평가의 도입 초기 '가정 프로젝트'라는 이름으로 가정에서 만든 과제물을 평가하는 경우가 있었다. 이는 교사가 학생의 수행 과정을 지켜보지 못할 뿐만 아니라, 가정에도 큰 부담을 준다. 결과물 완성에 학생이 아닌 학부모, 심지어 수행평가 대행업체까지 관여하여 '엄마평가'라는 비난을 받기도 했다. 앞으로는 수행평가의 목적에 맞게 학생들의 수행 과정을 볼 수 있도록 가능한 학교 내에서 평가해야 한다. 최근 한 사교육업체에서 '자녀의 수행평가를 도와줄 때 한 번에 돕는 시간'이라는 통계조사를 실시했다. 그 결과 1~3시간씩 도와주고 있다는 의견이 가장 많았다. 학교에서는 과제물 중심 평가를 하지 않는다고 생각하지만, 평가 당사자인 학생과 학부모의 생각은 달랐다. 이게 수행평가의 현주소이다.

다섯째, 평가의 신뢰성 확보를 위해 수행평가 기준안이 정교해져야 한다. 학생의 수행 과정을 전문적인 관찰능력을 바탕으로 평가하게 되는 경우가 많아졌다. 이럴 때, 수행평가 장면에 따라 정확한 기준의 제시 없이 전체적인 평가를 하게 되면 객관적인 평가의 한계에 부딪힐 수 있다. 이를 보완하기 위해서 정성평가인 경우 구체적인 평가 관점을 학생들에게 미리 제시하고, 평가결과도 평가기준에 의거해 실시하여 근거를 마련해야 한다. 이는 수행평가의 신뢰도와 객관성을 확보하기 위해서 꼭 필요하다.

여섯째, 수행평가 관행에서 탈피해야 한다. 예컨대 학교에서 관행적으로 내려오는 영역별로 1개씩 꼭 평가하기, 수행평가지 중심의 평가

등에서 벗어나야 한다. 수행평가는 성취기준의 도달정도에 적합한 평가방법으로 접근해야 하고, 성취기준의 도달정도와 유리된 평가는 지양해야 한다. 예를 들어, 초등학교 수학과의 도형 영역은 주로 수행평가에 적합한 성취기준임에도 불구하고 이를 지필평가로 보게 하는 것은 가장 먼저 고쳐야 할 문제이다.

일곱째, 수행평가 만능주의에서 벗어나야 한다. 수행평가로 모든 평가를 치를 수 있다고 생각하는 학교가 늘어나는 추세이다. 교육과정이 개정되면서 교육과정 성취기준이 지식, 기능, 가치·태도를 결합하여 제시되는 경우가 많아져서 학생평가에서 수행평가가 늘어나는 것은 올바른 현상이다. 하지만 지식중심의 교육과정 성취기준이 존재하고 있음에도 불구하고 수행평가로만 모든 평가를 치르기에는 무리가 있다. 예를 들어 수학의 '수와 연산' 영역은 수행평가보다는 지필평가로 학생의 성취정도를 확인하는 것이 훨씬 더 효과적이다.

2장

수행평가
방법

>>>>>>>>>>

　　　　　수행평가를 가장 잘 설명하는 구성요소는 평가방법이
다. 그런데 현장에서 가장 어려워하는 것도 어느 한 성취기준 도달도를
평가하고자 할 때 어떤 평가방법으로 해야 할지 결정하는 것이다. 어떤
경우는 누가 봐도 명확한 평가방법이 있다. 그러나 우리가 알고 있는
평가방법 중 하나로 평가를 하고자 할 때 막상 이 방법이 맞는지 의구
심이 드는 경우도 한번쯤은 있었을 것이다. 또 어떤 경우엔 이미 알려
진 평가방법이 아닌 다른 방법으로 평가를 하고자 쓰려고 할 때 이 평
가방법이 어디에 근거를 두고 있는 것인지, 그래도 학문적으로 검증된
평가방법을 써야 하는 것이 아닌지 하는 반문에 부딪힌 경우도 있을 것
이다.

　수행평가가 1999년에 도입된 이래 현재까지 수행평가를 현장에서 실
시하고 있는 입장에서 보건대, 수행평가방법에 대한 연구나 논의가 충
분히 이뤄지지 못했다고 생각한다. 최근 들어 수업방법의 변화와 함께
다양한 평가활동이 현장에 도입되었음에도 과거의 기준을 뛰어넘지는
못하고 있다. 그런 이유에서인지 현장에서 가장 많이 사용하는 평가방
법이 관찰법이다. 여전히 수행평가방법을 이야기할 때 많은 교사가 관
찰법을 손꼽는다. 그런데 관찰법이라는 것은 교사 입장에서의 기술이
다. 수행평가의 정의에서도 살펴보았듯 학생의 수행 과정을 관찰하고
판단할 때 이미 교사들은 관찰을 통해 학생들을 평가하게 되어 있다.
토의토론 과정도 직접 눈으로 관찰해야만 하고, 실험, 실기 과정 또한
관찰해야만 한다. 이번 장에서 다시 논의하겠지만, 교사가 아닌 학생

입장에서 평가방법을 논하는 것이 더 타당성이 있을 것이다.

수행평가방법은 평가주체, 평가영역, 평가기록방법, 평가활동으로 구분하여 정의하고 있다. 평가주체를 기준으로는 자기 평가, 동료평가, 교사평가가 있다. 평가기록 방법에 따라서는 체크리스트, 평정척도법, 일화기록법이 있고, 평가영역으로는 지식, 기능(기술), 가치 · 태도가 있다. 평가활동으로는 구술, 면접, 역할놀이, 관찰, 토의, 토론, 연구보고서, 포트폴리오, 실기평가, 프로젝트 등으로 분류할 수 있다. 위에 제시된 4개 영역을 모두 평가방법으로 학생과 학부모에게 안내한다면 좋지만 대부분 그 중에 한 가지를 제공하고 있다. 그렇다면 어떤 정보가 가장 좋은 정보일까 고민해야 한다.

· 수행평가 분류 ·

분류 기준	평가방법	
평가 기록	체크리스트, 평정척도법, 일화기록법	
평가 주체	자기 평가, 동료 평가, 교사 평가	
평가 영역	지식, 기능(기술), 가치-태도	
평가 장면(활동)	논술	글쓰기
	산출물	프로젝트, 보고서(연구, 조사, 탐구), 포트폴리오
	실기형	가창, 기악, 그리기, 만들기, 꾸미기, 작도, 게임하기, 표현하기 등
	보고서형	조사보고서, 관찰보고서, 실험보고서

1. 체크리스트

체크리스트는 영역별 활동이나 수행 여부를 평정할 수 있는 항목의
모음이다. 이는 주로 이분법적 상황에 관한 내용이 중심이기에 정도에
대한 평가에는 적합하지 않다. 단순하고 쉽게 확인이 가능한 내용으로
구체적인 요소를 포함한 체크리스트는 학생 평가보다 학생이 할 수 있
는 것에 대한 자료를 확보한 후에 학생과 학부모의 상담 자료 및 근거
로 활용하거나, 동일한 수준의 학생들을 비교하기에 좋다. 단, 학생의
수행 여부 확인에만 국한해 사용해야 한다. 예를 들면 실과 요리 실습
에서 각자 준비물을 가져왔는지, 역할 분배를 하고 있는지, 위생 상태
는 어떤지 등 학생들의 준비사항을 확인할 때 사용하기에 적절하다.

• 체크리스트 예시 •

순	내용	네	아니오
1	손을 씻었나요?		
2	준비물은 다 준비 되었나요?		
3	요리 시 위생복을 착용하였나요?		
4	가스불 주변에 인화성 물질은 없나요?		

2. 평정척도법

　평정척도법은 평가기준에 따라 학생들의 속성이나 반응 등을 평가자의 가치, 판단에 따라 점수를 부여하거나, 몇 개의 범주로 구별하여 만든 평가방법이다. 설문조사에서 많이 쓰는 방법으로 평가기준의 도달 정도를 3~5단계로 구분하여 결과를 표시한다.

　평정척도법은 사용하기에 편리하고 많은 영역을 한꺼번에 평가할 수 있다. 또한, 평가기준에 따른 질적 평가가 가능하고 점수화하여 비교 평가하기에도 용이하다. 이에 반해 평가자의 주관이 크게 개입되어 객관성을 담보하기 쉽지 않고, 요소별 평가로 전체를 반영하지 못한다는 어려움이 있다.

　저학년은 주로 3단계 척도법을 사용하고, 고학년일수록 평가척도 단계가 늘어나는 경향이 있다. 보다 입체적인 평가를 위해서 자유형식기술 등과 혼합하여 사용할 수 있다. 대표적인 예로 교원능력평가를 들 수 있으며 평가방법 또한 동일하다.

순	평가기준	매우 그렇다	그렇다	아니다	전혀 아니다
1	모둠활동에 적극적으로 참여하였다.				
2	친구들과 협력하며 과제를 해결하였다.				
3	친구들의 설명을 이해할 수 있었다.				
4	다른 사람의 의견도 존중하였다.				

• 평정척도법 혼합형 예시 •

순	평가기준	매우 그렇다	그렇다	아니다	전혀 아니다
1	토론의 규칙을 이해하였는가?				
2	토론 주제에 대한 이해도가 높은가?				
3	토론의 적극적으로 참여하였는가?				
토론에 대한 전체적인 생각은?					

3. 일화기록법

일화기록법은 학생의 행동을 직접 관찰하여 객관적으로 서술식으로 기록하되, 중요한 사건이나 핵심이 되는 행동을 중심으로 짧고 간결하게 기록하는 방법이다. 일화를 기록할 때 가장 중요한 것은 주관성을 배제하고, 객관성을 기반으로 기록해야 한다는 점이다.

학습자의 일화를 보다 정교하게 기록하기 위해서는 교사가 사전에 확인하고자 하는 내용을 정하면 좋다. 이에 따라 일화를 훨씬 더 정교화할 수 있고, 사건이 일어난 직후에 바로 기록하여 내용이 누락되지 않도록 할 수도 있다. 관찰한 내용은 육하원칙에 따라 기록하고 사전에 관찰대상의 정보, 관찰시간, 관찰 장면, 관찰 내용 등을 기록할 양식에 따라 작성해 활용하면 더 효과적으로 기록할 수 있다. 또한 기록내용은 학생의 발달과 성장을 이해하는 데 도움을 줄 수 있어야 한다.

일화기록법은 시간을 요하지 않고, 특별한 기술이 없어도 쉽게 기록할 수 있어 편리하다. 반면에 학생 행동의 원인이나 이유를 정확히 알기 어렵고, 육하원칙에 따라 간단히 메모하는 경우엔 시간이 지난 후 기록하게 되면 정확한 행동상황을 잊어버려 기록간의 밀도 차이가 생길 수도 있다. 따라서 관찰이 끝난 후 즉각 기록하여 당시의 상황과 행동을 구체적으로 작성해야 평가자료로서 유의성이 있다. 또한 학생의 과거행동에 따른 후광효과 및 낙인효과로 인해 편견이 생길 수 있고, 학생을 관찰하여 기록하는 동안에는 학생과 상호작용을 하지 못하며, 한 번에 한두 학생만을 기록할 수 있다는 한계도 있다.

따라서 일화기록법을 사용할 때엔 학생을 관찰해야 할 특정 관찰내용에 맞춰 객관적, 사실적으로 기록하며, 가능한 학생의 행동과 내용을 해석하지 않고 보고 들은 내용 그대로를 기록해야 한다. 주관적인 가치 판단은 가급적 하지 않아야 한다. 또한 일화기록할 관찰대상 학생이 자신이 관찰대상이 되고 있음을 의식하게 되면 일부러 관심 행동을 하거나 부자연스러운 행동을 할 우려가 있으므로 유의해야 한다.

평가자에 따른 방법

수행평가는 평가 주체에 따라 자기 평가, 동료 평가, 교사 평가로 구분할 수 있다. 교사 평가는 앞에서 언급한 모든 평가에서 주로 사용하는 방법으로 교사의 전문적인 평가 역량을 발휘하여 평가하는 것이다. 자기 평가는 학생 스스로 자신을 평가하는 것으로 정성평가, 정량평가를 포함한다. 동료 평가는 팀을 대상으로 하는 평가에서 사용하는 방법으로 교사가 관찰하기 어려운 환경에서 학생 상호 간의 평가를 통하여 상호보완적으로 활용할 수 있는 방법이다.

1. 자기 평가

학생 스스로 평가자의 입장이 되어 자신의 교육활동 과정과 결과를 평가하는 방법이다. 지금까지 학교에서 가장 많이 사용해온 자기 평가 방법의 유형은 가정통지표상에 자신의 학습태도를 스스로 체크하고 반성하는 형태이다. 여기에서 말하고자 하는 자기 평가는 교과의 평가 장면에서 나타나는 상황에 대해 자기 스스로 성찰하는 평가방법이다.

기존의 평가는 교사 관점의 평가로, 평가자가 정해놓은 답에 학생이 얼마나 근접해 있는지를 확인하는 방식이었다고 하면, 자기 평가는 자기 자신을 돌아보는 방식이다. 따라서 학생은 자기를 평가하기 위해 교육활동 중 자신을 되새겨보아야 한다. 되새김은 단순히 교육 장면을 회상하여 자기 행동을 되돌아보는 것에 그치지 않고, 교육활동의 과정과 결과를 확인하며 복습하는 학습효과를 가져올 수 있다. 이런 이유로 질적 평가에서는 학생 관점의 평가가 강조되고 있다.

그런데 막상 자기 평가를 실시하고 있는 현장을 들여다보면 단순히 학생들이 스스로 평가를 하는 데에서 그치는 경우가 있다. 즉 학생 스스로 평가의 관점을 제시한다기보다는 질적 평가로서 평가 전반에 걸친 태도나 참여도 및 협력 등에 중점을 두는 정도의 정의적 평가 수준에 머무르고 있는 것이다.

정의적 요소를 확인하는 평가에서 한 발 나아가 지식, 기능 및 태도에 걸친 종합적 평가로 나아갈 수 있다면 더욱 의미 있는 평가가 될 것이다. 덧붙여 자기 평가로만 학생 평가를 하는 것은 신뢰성에 대한 문제를 야기할 수 있다. 사실 평가결과나 점수에 예민한 학생들은 자신의 수준을 객관적으로 평가하기보다는, 당장의 점수를 위해 스스로에게 과분한 점수를 줄 수도 있다. 이러한 한계를 극복하기 위해 자기 평가 및 교사 평가를 복합적으로 반영할 수 있다. 아래 표처럼 동일한 채점기준표에 학생들도 체크하고, 교사도 체크하면서 차이점을 찾고 왜 그러한지 학생들에게 생각할 거리를 주는 것도 평가결과 후 피드백 차원에서 유의미한 활동이 된다.

다음으로 자기 평가에 대한 관점을 수업과 평가를 하기 전에 미리 제시하면 학생들은 스스로 교육활동에서 자신을 통제하며 자기주도적인 학습 환경을 조성한다. 즉 모든 평가의 주체가 학생으로 바뀌면 평가가 교사의 의도를 파악하기 위한 수동적인 활동에서 학생이 주도하는 능동적인 활동으로 바뀌게 된다.

자기 평가는 학생의 수준에 따라서 다양한 형태로 제시할 수 있다.

· 채점기준(자기/교사 평가) ·

평가요소	채점 척도		
	우수	보통	기초
주장에 따른 근거와 자료의 일관성/합리성 (5, 4, 3)	토론의 논제에 대하여 자신의 주장과 근거를 밝히고, 상대방의 의견을 반박할 수 있다.	토론의 논제에 대하여 자신의 입장을 제시할 수 있다	토론의 논제에 대하여 자신의 주장과 근거를 제시하는 데 어려움이 있다.
토론할 때 역할수행 (5, 3, 1)	토론에서 자신의 역할을 알고, 토론의 흐름에 따라 팀원과 협력하며 자신의 역할을 수행하였다.	토론에서 자신의 역할을 알고, 수행하였다.	토론에서 자신의 역할 수행이 부족하였다.
토론 규칙과 절차 이해하기 (5, 4, 3)	토론의 규칙과 절차를 이해하고 각 절차에서 주의할 점을 알고 있다.	토론의 규칙과 절차를 이해하였다.	토론의 규칙과 절차를 이해하지 못하였다.
참여도/태도 (3, 2, 1)	상대방의 의견을 듣고, 메모하면서 참여하며, 서로를 배려하고 존중하는 마음으로 토론에 적극적으로 참여하였다.	상대방의 의견을 경청하고, 서로를 배려하고 존중하면서 토론에 참여하였다.	토론에 참여도하였으나 적극성이 부족하다.

저학년의 경우는 요소별로 체크리스트 형태로 제공할 수 있다. 중학년은 체크리스트와 기록법이 융합된 평가도구를 사용하며, 고학년은 평가요목만 주고 그에 따라서 스스로 평가할 수 있도록 한다.

· 초등학교 저학년 ·

우리 학교를 소개하는 책을 만들고 나서 나의 활동 모습과 비슷한 만큼 ♡에 색칠하세요.

순	내용	점수
1	나는 활동에 적극적으로 참여했나요?	♡ ♡ ♡
2	나는 활동을 하면서 친구들의 의견은 존중했나요?	♡ ♡ ♡
3	나는 내가 맡은 부분을 잘했나요?	♡ ♡ ♡

매우 잘함 ♥ ♥ ♥   잘함 ♥ ♥   보통임 ♥

· 초등학교 중학년 ·

이번 프로젝트에 참여하면서 나의 참여에 대한 정도를 나타내 봅시다.

순	내용	상	중	하
1	나는 계획을 세울 때 다른 친구들의 말을 주의 깊게 잘 들었나요?			
2	나는 친구들과 이야기를 나눌 때 내 의견만 내세우지 않았나요?			
3	나는 내가 맡은 역할을 이해하고 잘 표현했나요?			
4	나는 역할극을 발표할 때 적극적으로 활동에 참여했나요?			

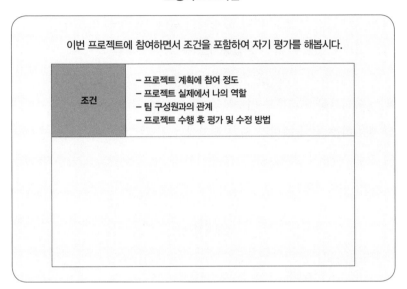

이번 프로젝트에 참여하면서 조건을 포함하여 자기 평가를 해봅시다.

조건	– 프로젝트 계획에 참여 정도 – 프로젝트 실제에서 나의 역할 – 팀 구성원과의 관계 – 프로젝트 수행 후 평가 및 수정 방법

2. 동료 평가

자기 평가가 학생 스스로 특정 주제나 교수학습 영역에 대하여 학습 과정이나 학습 결과를 평가하는 것이라면, 동료 평가는 함께 과제를 수행한 동료를 평가하는 것이다. 예를 들어, 프로젝트를 수행하는 과정에서 팀원들의 역할과 학습 준비도, 학습 동기, 성실성, 만족도, 다른 학습자들과의 관계 등을 생각해보고 동료를 평가함과 동시에 자신을 되돌아보는 효과를 가질 수 있다.

동료 평가는 교사가 학생들이 수행 과정을 직접 관찰할 수 없는 경우 등에도 유효하다. 친구들의 평가가 교사의 눈이 되는 셈이다. 면담의 경우 일일이 학생들이 면담을 하는 상황에 제각각이기 때문에 학생들을 평가하기는 물리적으로 쉽지 않다. 그런 경우 동료 평가는 학생들에게 일종의 긴장을 줄 뿐 아니라, 평가의 질적인 향상을 도울 수 있다. 그리고 협력이 필요한 경우 무임승차도 줄일 수 있다.

평가방법은 자기 평가와 형태가 비슷하다. 그래서 자기 평가에 적용되는 유의사항은 대부분 비슷하다. 즉 협력과 참여와 같은 가치·태도만 평가하는 것이 아니라 자기 평가에서 언급했던 채점기준을 활용하여 지식, 기능에 대해서도 함께 평가할 수 있도록 평가 기준을 제시하는 것이 필요하다.

· 상호평가 ·

1. 다음 기준에 해당되는 모둠의 친구의 이름을 써봅시다.

평가 기준	친구 이름			
도움이 되는 아이디어와 조언을 제공했나요?				
다른 친구들의 의견을 듣고 주의 집중했나요?				
다른 친구들이 참여하도록 격려했나요?				
생각을 분명하고 이해하기 쉽게 말했나요?				

〈우수, 보통, 기초〉

평가 장면에
따른 방법

평가 장면에 따라 수행평가방법을 분류하는 기준은 학생들이 어떤 장면을 통해 본인들의 역량을 보이게 할 것인가이다. 즉 토의토론 방식을 통해 평가를 할 것인지, 실험, 실습 방식을 통해 평가를 할 것인가에 대한 이야기이다. 각각의 평가방법을 논하기 전에 한 가지 전제해두어야 할 이야기가 있다. 수행평가방법의 논술형과 지필평가방법의 논술형에 어떤 차이가 있느냐는 질문을 자주 받곤 한다.

사실 본 저자들 역시 한국교육과정평가원 측이나 관련 교수님들에게 이런 질문을 제기한 바 있지만, 그들 역시 뚜렷한 차이점을 알려주지는 못하였다. 이러한 가운데 최근 수행평가방법 중 논술형이라고 표기되어온 부분이 '논술'로 바뀌었다는 점, 논술형 평가는 지필평가 즉 지식적 요소를 주로 측정하는 데 있어서 단순암기를 확인하는 선택형 평가에서 학생들의 사고력을 측정하고자 하는 논술형 평가 문항으로 전환되고 있다는 점, 수행평가방법 중 이미 서술, 논술형 평가는 수행평가의 본질에서 먼 평가라고 제시되고 있는 점들에 주목했다. 따라서 이번 책에서 서술, 논술형 평가는 수행평가방법에서 언급하지 않고 이 평가방법은 지필평가방법에서 가장 적합한 평가로 넘기며 나머지 평가방법에 대해 구체적으로 제시하고자 한다.

1. 논술

논술과 논술형은 모두 자신의 주장과 생각을 창의적이고 논리적으로 작성한다는 공통점이 있다. 단, 논술은 처음-가운데-끝 구성으로 답을 작성하는 것에 비해 논술형은 한 단락 이상으로 구성된 비교적 긴 글로 답을 작성하는 차이점이 있다.

논술은 주어진 문항에서 자신의 생각이나 주장을 논리적으로 작성해야 하므로 문항에서 요구하는 답안을 작성할 때, 글의 조직이나 표현의 적절성 등의 평가요소도 함께 제시해야 한다. 논술은 단순 암기식의 주관식 문항과는 질적 차이가 분명하고, 답을 선택하는 것이 아니라 생각이나 의견을 직접 기술하기 때문에 창의성, 문제해결력, 비판력, 통합력, 정보 수집 및 분석력 등의 고등사고능력을 평가하기에 적합한 평가방법이다.

보통 어떤 주제에 대해 800자 이내로 서론, 본론, 결론의 형식에 맞게 쓰시오 등의 방식을 따른다.

2. 구술

구술시험은 인류 역사상 가장 오래된 평가방법일 것이다. 평가자가 학생에게 주제를 제시하고, 생각할 시간을 준 후 평가자가 직접 학생과 대화를 나누며 평가하는 방법이다. 논술형 평가가 평가지에 생각을 쓰는 것이라면 구술평가는 말로 표현한다.

우리나라 과거시험에서도 최종 시험에서 책문策問으로 임금이 직접 나라의 현안을 물어서 평가했는데, 이 또한 구술시험이었다. 이런 평가방법은 평가의 효율성이 강조되면서 사용되지 않다가 최근의 의사소통능력의 중요성이 대두되면서 다시 국어, 영어과에서 사용되고 있다.

독일에서는 아비투어Abitur[6]에서 구술시험을 시행하고 있다. 학생에게 문제지를 주고 20~30분 정도의 준비시간을 준다. 그 시간 동안 간단히 생각을 정리한 후 시험장에서 생각을 발표한다. 이때 공정한 채점을 위해 2명의 평가자가 동시에 평가하며 결과에 대해서는 1년 안에 이의를 제기할 수 있다. 우리나라의 학위논문 심사와 비슷하다.

구술시험은 학생에게 특정 교육 내용이나 주제에 대해 의견과 생각을 발표하도록 하여 준비도, 이해력, 표현력, 판단력, 의사소통능력 등을 직접 평가하기 위해 활용하는 방법이다. 학교에서 구술시험을 보기 위해서는 구체적인 평가기준(루브릭)을 만들어 활용해야 한다. 주제에 대한 이해력, 판단력, 표현력, 의사소통능력 등을 평가요소에 반영해야

---

6 논술과 구술로 이루어진 독일의 대입자격시험이다. 고등학교 졸업자격고사라고 할 수 있다. 시험에 합격하면 'Zeugnis der allgemeinen Hochschulreife'이란 문서가 발행되며 여기에 적힌 등급이 대학 배치에 사용된다. 이 시험과 합격자격증은 고교 졸업의 자격증이자 동시에 대학입학자격시험의 의미가 있다.

한다. 평가요소를 평가 장면과 주제에 따라 구체적으로 진술함으로써 타당성과 신뢰성을 확보해야 한다. 구술시험은 교사와 학생이 일대일로 진행되어 많은 시간이 소요되고, 다른 학생들의 관리 면에서 어려움이 있어 사전에 동학년 교사, 교과전담 교사와의 협력이 필요하다.

3. 토의

토의는 토론과 달리 어느 문제에 대해 공동으로 합의된 해결 방안을 얻기 위해 서로 대화하는 방법이다. 이는 정답을 찾아가는 과정 속에서 문제를 파악하고 문제의 원인을 정확히 이해하고 분석하여 문제점의 요소를 발견하는 과정을 필요로 한다. 그리고 서로 협력하여 문제를 해결하기 위한 적절한 방법들을 찾고 제시할 수 있어야 한다. 그 과정에서 상대방의 의견을 존중할 수 있는 태도 역시 중점사항이 된다. 자신의 의견만이 의미 있다고 상대방에게 강요하거나 상대방의 의견을 묵살하는 태도는 토의과정에서 적합한 모습은 아닐 것이다. 상대방의 의견을 얼마나 잘 경청하는지도 토의과정에서 확인해야 할 필수요소이다. 끝으로 서로 말하기 과정으로 도출한 해결 방법을 실제로 실천하고자 하는 의지를 갖는 것 또한 중요하다.

4. 토론

토론은 어떤 주제를 두고 의견이 다른 사람들이 상대방에게 근거를 들어 주장하고, 반박하며, 설득하는 방법을 말한다. 정문성(2008)은 '토론은 어떤 주제에 대해 서로 다른 주장을 하는 사람들이 논증과 실증을 통해 규칙에 따라 자기주장을 정당화하여 다른 사람을 설득하려는 말하기, 듣기 활동'이라고 정의하고 있다.

이런 이유로 국어과 교육과정에서는 다양한 토론 방법과 규칙, 유의점 등을 배우고, 실제 토론을 통하여 그 기능을 익히도록 하고 있다. 국어과에서 배운 토론의 기능을 바탕으로 다양한 교과에서 가치판단 및 문제해결을 위한 평가기준이 있을 때 해당 학년과 교과에 적합한 토론 방법을 선택하여 평가 장면에 활용하고 있다.

실제 교실에서 교사가 가장 많이 사용하는 토론 방법은 찬반 토론법이다. 찬반 토론법은 논술형 검사와 구술시험을 통해 얻을 수 있는 정보를 모두 얻을 수 있는 장점이 있는 반면, 학생 수가 많은 경우 개별 학생이 충분한 발언 기회를 얻지 못하는 단점도 있다. 찬반 토론법을 시행할 때도 구술시험과 비슷하게 평가기준표를 이용하여 특정 학생의 준비도, 이해도, 조직력, 표현력, 판단력, 의사소통능력, 토론 태도 등을 평가할 수 있다(백순근, 2000).

수행평가에서는 찬반 토론법을 많이 활용하고 있다. 찬반 토론법에서는 역할에 따라 하는 일이 달라 평가에 어려움이 있다. 따라서 사회자, 찬반 토론자, 판정인이 서로 역할을 바꿔가면서 토론하는 모습을 평가해야 한다. 이때 자기 평가와 동료 평가가 함께 이루어지면 더욱 체계적으로 평가할 수 있다.

토론법을 통한 수행평가는 명확한 평가기준이 마련되어야 한다. 그리고 그 기준을 사전에 학생들에게 제시해야 한다. 토론에서 주로 살펴야 할 평가요소로는 주제에 대한 이해와 토론의 규칙, 토론의 임하는 태도 등의 지식, 기능, 가치·태도를 종합적으로 평가해야 한다. 토론은 단순히 상대를 이겨야 하는 대결이 아니라 상대방을 설득하여 최선의 결론에 도달하는 과정이므로 좋은 토론을 위하여 올바른 평가방법을 지도해야 한다.

토론을 통한 평가는 목적에 따라 가중치를 두어야 한다. 국어과에서 토론 규칙과 방법이 주요 성취기준이라면 토론의 운영에 가중치를 두어야 하며, 다른 교과에서 가치판단이나 문제해결이 평가의 중심이라면 이 부분에 가중치를 두어야 한다.

아래 사례는 학생들에게 토론 주제 및 역할을 나누고, 자신의 의견을 가지고 실제 토론과정에 참여하도록 구성하였다.

문항설계

단원	3. 토론을 해요.		평가방법	토론
성취기준	토론의 절차와 방법을 알고 적극적으로 참여한다.			
평가내용	토론의 절차와 방법을 알고 능동적으로 토론하기			

토론을 해요

어떤 문제에 대한 의견이 찬성과 반대로 나누어질 때에 토론을 하면 문제를 깊이 있게 이해하여 합리적인 해결 방법을 찾을 수 있습니다. 토론의 절차, 방법, 규칙에 유의하며 토론을 해봅시다.

- 과제1. 토론 주제 및 역할 정하기 (나의 역할:　　　　　)
- 과제2. 토론 주제에 따른 주장 펼치기 쓰기 (개인)
- 과제3. 토론 참여하기 (개인)

5. 실기

　실기시험은 수행평가의 도입 이전부터 예체능 및 실과 교과에서 사용하던 방법이다. 과거의 실기평가가 주로 기능에 관한 결과 중점의 평가였다면, 수행평가에서는 실제상황에서의 지식, 기능, 가치·태도를 함께 평가하여 실제로 잘할 수 있는가에 중점을 둔다. 이러한 맥락에서 실기평가는 수행평가를 대표할 만한 평가라 할 수 있다. 과거 단소 부르기나 뜀틀 뛰기를 평가할 때, 시험지 한 장에 지식적 요소를 가지고만 평가했던 것을 상기해보면 적절한 평가방법이 왜 필요한지는 금세 알 수 있다. 또한 실기평가는 학생들의 수행능력을 평가하고자 할 때 여러 과목에서 유의미하게 활용되고 있다. 그런데 실기라는 개념이 참

포괄적이라, 과목이나 성취기준에 따라 통칭하기보다는 보다 명확한 평가 장면을 제시하는 것이 더 효과적이지 않을까 생각이 들 때도 있다. 그래서 현장교사 입장에서는 좀 더 구체적이고 누가 보더라도 충분히 공감하고 납득할 만한 평가방법으로 진술한다면 그것이 큰 문제일까라는 생각을 지울 수 없었다. 그래서 실기라는 큰 범주에서 구체적인 방법을 제시해본다면 체육과목의 경우엔 게임하기, 표현하기 등과 미술과목의 경우엔 그리기, 만들기, 꾸미기 등 그리고 음악 과목의 경우엔 가창, 기악 등 수학과목의 경우엔 작도, 측정 등이 있다.

체육(게임) 사례

필드형 경쟁활동 중 발야구 경기에서 실제로 상대측과 게임을 하며 발야구 규칙 및 전략의 수립의 이해 측면과 공격, 수비 기능적 측면, 그리고 협력적으로 얼마나 참여하는지 태도적 측면을 종합적으로 평가하고자 하였다.

문항설계

단원	3. 발야구	평가방법	게임하기
성취기준	[6체03-03] 필드형 게임 방법에 대한 이해를 바탕으로 게임을 유리하게 전개할 수 있는 전략을 탐색하고 적용한다.		
평가내용	발야구의 규칙을 이해하여 게임에 승리하기 위해 전략을 수립하여 참여하기		

발야구를 즐겨요

발야구의 기본 기능을 익히고, 경기하는 방법을 배운 후에 실제로 발야구 게임을 한다. 학생들은 자연스럽게 발야구 게임을 하고, 교사는 심판을 보면서 학생들이 참여하는 모습과 공격과 수비하는 모습, 협력하는 모습, 발야구 게임에 대한 이해도를 평가한다.

- 교사: 평가 관점에 따른 평정척도표, 채점기준표
- 학생: 팀별로 발야구 참여, 팀을 다양하게 구성하여 발야구 경기 실시

미술(그리기) 사례

생활 속에서 시각적 이미지가 활용되는 사례를 알고, 실제 학교에서 친구들에게 도움이 되는 시각적 정보인 픽토그램을 만드는 것을 평가하고자 하였다.

문항설계

단원	4. 함께 걷는 길	평가방법	그리기
성취기준	[6미01-03] 이미지가 나타내는 의미를 찾을 수 있다.		
평가내용	실생활에 도움이 되는 디자인하기		

학교 안에 설치하는 픽토그램

픽토그램이란 사물, 시설, 행위, 개념 등을 쉽게 알아볼 수 있도록 상징적으로 나타낸 그림 문자입니다. 모든 학생이 학교에서 편리하게 시설물을 사용할 수 있도록 정보를 제공해주기 위해 단순하고 의미가 명료한 픽토그램을 만들어봅시다.

1. 픽토그램이 사용될 장소 정하기
2. 픽토그램에 담을 내용, 의미 쓰기
3. 의미를 잘 전달할 수 있는 픽토그램 그리기

※ 추후 픽토그램을 알맞은 장소에 부착하여 활용할 예정입니다.

음악(가창) 사례

민요를 직접 부르게 하여 해당곡의 특징을 이해하는지 평가하고자 하였다.

문항설계

단원	2. 마음을 담아	평가방법	가창
성취기준	[6음01-01] 악곡의 특징을 이해하며 노래 부르거나 악기로 연주한다.		
평가내용	민요의 특징을 살려 노래 부르기		

우리 소리를 찾아서

우리나라 민요는 지역에 따라 분류하며, 고유한 특징을 지니고 있습니다. 이번 수행평가는 남도민요인 「둥당기 타령」을 친구와 짝을 지어, 아래 사항에 유의하여 민요를 불러봅시다.

1. 남도민요 특유의 시김새(떠는 소리, 꺾는 소리)를 표현하기
2. 민요의 메기고, 받는 부분에 맞게 노래 부르기
3. 민요의 장단에 맞춰 부르기

※ 민요는 짝과 역할을 바꾸어 2번 부릅니다.

수학(작도) 사례

 실제 주어진 각을 가지고 직접 각도기와 자를 이용하여 배운 내용을 바탕으로 직접 그려보게 한 뒤 정확한 작도가 이뤄졌는가를 확인하는 평가 장면이다.

문항설계

단원	2. 각도		평가방법	작도
성취기준	[4수03-13] 주어진 각도와 크기가 같은 각을 그릴 수 있다.			
평가내용	주어진 각도와 크기가 같은 각을 작도하기			

알맞은 각도를 작도하기

주어진 그림에 표시된 부분을 어림으로 각도를 적어보고, 실제 각도기로 재본 뒤 얼마나 차이가 나는 지 살펴보세요. 그리고 학급 내에 있는 물체 중 2개를 선정하여 해당 물체가 이루는 선들의 벌어진 각을 정확하게 각도기를 사용하여 알게 된 각을 주어진 종이 위에 그려보세요.

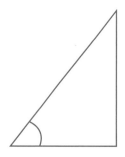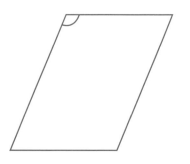

보고서법

보고서법은 여러 과목에서 유의미하게 많이 활용하는 평가방법 중 하나이다. 이는 보고서에 학생들이 알고 있는 지식적 내용을 바탕으로 분석, 종합, 적용능력 등이 고스란히 반영되며, 개인뿐 아니라 집단 협력에 의한 보고서 작성을 통해 가치 및 태도의 종합적 역량을 일정 기간 내에 명확히 측정한 평가자료가 될 수 있기 때문이다. 최근 수업의 변화로 학생의 사고력을 보고서 형태로 평가하는 수행평가가 많아졌다. 보고서법에는 연구보고서, 실험보고서, 조사보고서 등이 있다.

조사보고서

초등학교 고학년의 사회수업에서 빈번한 수업방법은 조사학습이다. 과거에는 가정에서 인터넷을 활용하여 조사한 자료를 바탕으로 수업을 진행하는 경우도 있었다. 물론 현재에도 자료 조사를 바탕으로 수업을 진행하는 경우가 없지 않다. 그렇게 되면 학생들 간의 평가환경의 차이로 인하여 평가결과의 신뢰도와 공정성이 시빗거리가 될 수 있다.

현장에서 '수업이 곧 평가다', '과제 평가 금지'라는 말이 회자되면서 과제보다는 대부분 수업시간에 진행하는 경우가 많아졌다. 또한 2015 개정교육과정의 교육과정 성취기준 중 행동 요소인 '~를 조사할 수 있다'라는 교육과정 성취기준을 측정하기 위해서 조사보고서를 활용한다. 수업시간에 도서관이나 컴퓨터실을 이용하여 자료를 조사하게 한 후에 정리하게 하는 방법이 일반적인 평가의 형태로 자리 잡고 있다. 조사한 내용을 바탕으로 주제에 맞게 취사선택하여 보고서로 제작하여 평가한다. 모둠별 조사보고서 형태로 진행하면 모둠원 간의 동료평가와 함께 실시한다. 이는 팀별 과제에서 가장 경계해야 할 무임승차에 대한 고민을 해결해줄 수 있다.

　다음의 조사보고서는 5학년 1학기의 사회 4단원 우리 사회의 과제와 문화의 발전에서 성취기준 경제 성장 과정에서 나타나는 여러 문제를 확인하고 해결 방법을 모색하여 조사보고서 형태로 평가를 하고자 하는 사례이다.

문항설계

단원	4. 우리 사회의 과제와 문화의 발전	평가방법	조사보고서
성취기준	경제 성장 과정에서 나타나는 여러 문제(예, 빈부 격차, 노사 갈등, 자원 고갈 등)를 확인하고 이에 대한 해결 방법을 모색할 수 있다.		
평가내용	우리나라의 경제의 특징을 알고, 경제 성장 과정에서 나타난 문제점의 원인을 파악한 뒤, 이를 해결하기 위한 해결 방안을 제시하기		

모두가 행복한 우리나라 만들기

우리나라는 6.25 전쟁 이후 모든 구성원의 노력으로 다른 나라에 비해 빠른 경제성장을 이루었습니다. 경제성장으로 사람들의 생활이 편리해지고 잘살게 되었지만 빈부격차, 자원고갈, 노사갈등과 같은 문제점도 나타났습니다. 이러한 문제점을 해결하기 위해서 모둠원과 함께 경제문제(빈부격차, 자원고갈, 노사문제)의 원인을 찾고, 해결 방안을 발표 자료를 만들어 친구들에게 제시해봅시다.

- 과제1. 조사보고서 만들기 (모둠)
  - 경제성장 문제의 원인
  - 해결 방안 제시하기
  - 표현 형식은 자유
- 과제2. 발표문 쓰기 (개인)

연구보고서

연구보고서는 주로 대학생의 리포트나 과학영재 학생들의 산출물에서 주로 볼 수 있던 과제이다. 2007개정교육과정이 도입되면서 자유탐구 영역이 학년마다 6시간씩 배정되면서 교내 자유탐구대회가 활성화되었고, 학생들이 보고서에 익숙해질 수 있었다.

과학과의 자유탐구에서는 학생들이 관심 있는 주변의 과학적 현상이나 사실을 주제를 설정하고, 이 주제와 관련된 문제를 과학적인 방법으로 해결하는 과정을 다양한 형태의 보고서로 작성하며, 이를 바탕으로 평가하게 된다. 이때 연구보고서는 단순한 보고서의 평가에서 그치지 않고, 학생들과 평가위원들 앞에서 발표하는 과정을 통하여 과학적 탐구능력에 대한 공유와 사고력을 확장하는 계기로 활용되고 있다.

연구보고서를 평가하며 교사는 단순한 평가자의 역할이 아니라 과정 중간에 개입하여 현재 상황을 진단하고 조언하여 학생들의 연구수행 중간 점검을 하고 잘못된 부분에 대한 피드백을 통하여 바른 방향으로 진행하도록 도움을 주어야 한다.

연구보고서 기간은 사전에 학생에게 안내하여 주제 선정에 참고하도록 해야 한다. 주제에 따라서 소요기간이 다양하므로 1학기에 계획하고, 방학을 이용하여 다양한 탐구활동을 할 수 있도록 시간을 보장해준 뒤, 2학기에 보고서 발표대회를 진행하는 것이 일반적이다. 초등학생들은 연구보고서 작성에 어려움을 느낄 수 있으므로 보고서에 들어갈 요소에 관한 설명과 보고서 작성에 들어갈 형식을 미리 제공하면 좋다. 그러나 보고서 형식은 개인에 따라 다양하게 작성될 수 있으므로 특정 형식을 강요해서는 안 된다.

　수행평가의 요소로써 연구보고서는 단순히 보고서의 형식과 내용에 그치지 않고, 발표와 겸한다. 이때 발표하는 태도와 연구수행 중간의 과정에 대한 질의, 응답을 통하여 과학적 사고력과 문제해결력에 대해서도 평가해야 한다.

실험보고서

　실험은 초등학교 과학에서 주로 실시하는 방법이다. 과학 수업 시간에 실험을 한 다음 실험 과정과 결과를 보고서로 제출받아 평가한다. 실험 주제와 규모에 따라서 개인별이나 모둠별 공동 실험을 할 수도 있다.

　평가자는 실험보고서 평가와 함께 실험 과정에서의 태도, 실험기구 다루기, 모둠별 협력관계를 직접 관찰하여 평가한다. 이러한 방법은 실험실습을 위한 기자재의 조작 능력뿐만 아니라, 지식을 적용하는 능력이나 문제 해결 과정을 포괄적이면서도 종합적으로 평가할 수 있다. 또한, 모둠별 평가에서 자기 평가와 동료 평가를 함께 실시해 부족한 부분을 보완할 수 있다.

실습

실습이란 '이미 배운 이론을 토대로 실제로 해보고 익히는 일을 의미한다[7].' 먼저 교사가 설명과 함께 시범을 보이면 학생들은 배운 내용을 바탕으로 직접 주어진 과제를 해보며, 그 과정에서 자신이 알고 모르는 것, 할 수 있고 없는 것 등을 확인할 수 있다. 주로 예체능 교과에서 이뤄지는 경우가 많은데, 실과의 음식 만들기 실습 등이 대표적이다.

다음 사례는 달걀을 직접 삶는 과정으로 간단한 조리를 할 수 있는지 평가하고자 하였다. 이때 제시한 수행과제에 안전에 관한 유의사항을 제시하고, 직접 실습과정을 가져보았다.

문항설계

단원	2. 나의 균형 잡힌 식생활		평가방법	실습
성취기준	[6실02-02] 성장기에 필요한 간식의 중요성을 이해하고 간식을 선택하거나 만들어 먹을 수 있으며 이때 식생활 예절을 적용한다.			
평가내용	달걀 삶기			

내가 만들어 먹는 간식

간식을 먹고 싶을 때 인스턴트 음식이나 패스트푸드 보다 건강을 생각한 간식을 먹으면 몸이 튼튼해지는 데 도움 되어 성장기에 아주 좋습니다. 그 중에서도 삶은 달걀은 영양소가 골고루 들어 있으면서도 만들기가 간편하여 성장기 어린이에게 좋은 건강간식입

---

7 네이버백과사전

니다. 다음 〈주의사항〉에 유의하여, 삶은 달걀을 만들어봅시다.

〈주의사항〉
- 안전에 유의하면서 조리하기
- 시간을 잘 지켜 달걀을 알맞게 삶아, 접시에 담아 잘 차리기
- 조리 용구를 깨끗하게 정리하기
- 모든 과정에서 모둠원과 협력하여 활동하기

프로젝트

'프로젝트'는 학교보다는 일반 회사에서 먼저 사용한 용어로, 새롭게 시도하는 연구계획이나 사업계획을 부르는 말이다. 학교에서는 학생이 과제를 해결하기 위하여 개인이나 모둠이 학습계획을 수립하고, 다양한 교육활동의 실천을 통하여 성과물이나 활동을 제시하며, 이후 전시하는 수업방법을 의미한다.

특히 2007개정교육과정 이후 교육과정 재구성이 활발해지면서 교과 내 재구성과 교과 간 재구성이 학교에서 많이 활용되었고, 재구성을 통한 교육활동의 주체가 교사에서 학생으로 바뀌며 학생들이 교사가 준비한 재구성 주제를 통째로 운영하는 프로젝트가 자리 잡고 있다.

프로젝트 운영에서 교사는 단순한 방관자가 아니라 학생의 수준에 따라 주도적 리더에서 관찰자에 이르기까지 다양한 역할을 수행해야 한다. 교사는 학생의 활동을 다양한 평가도구를 활용하여 평가할 수 있어

야 한다. 앞에서 언급했던 여러 가지 방법 중에서 활동에 가장 최적인 평가방법을 확인하고, 사전에 프로젝트 속에서 평가요소가 도출될 수 있도록 안내해야 한다.

프로젝트가 팀별 과제가 되면서 늘 걱정스러운 부분은 무임승차이다. 프로젝트가 수업 시간을 넘어 방과 후 활동으로 이어져 모둠원 개개인의 역할을 관찰할 수 없을 때가 많다. 따라서 동료 평가와 자기 평가를 활용하여 평가의 동기를 부여해야 한다.

다음은 초등학교 5학년을 대상으로 실시한 '우리 모두가 소중한 인권'이라는 과제를 해결하기 위한 과정이다.

문항설계

단원	6. 인권을 존중하는 세상	평가방법	프로젝트
성취기준	인권존중의 의미 및 중요성을 알고 일상생활에서 적극적으로 인권존중을 실천할 수 있다.		
평가내용	인권의 의미와 중요성 알고 인권존중 실천하기		

인권을 존중하는 우리

나의 인권이 존중받아야 하는 것처럼, 다른 사람의 인권도 존중받아야 합니다. 하지만 때때로 인권이 존중되지 않는 문제가 일어나기도 합니다. 학교생활 중에도 다양한 인권문제들이 발생하고 있습니다. 학교에서 발생하는 인권문제들을 친구들과 찾아보고 이를 해결하기 위한 방안을 찾아 실천해봅시다.

- 과제1. 학교 내에서 인권과 관련된 문제를 찾아봅시다.
- 과제2. 문제를 해결할 수 있는 방법을 생각해봅시다.
- 과제3. 이를 실천할 수 있는 계획을 세워봅시다.
- 과제4. 계획을 실천하여 봅시다.

포트폴리오

'포트폴리오'라는 용어가 회자되기 시작한 것은 취업을 위해서 자신이 그동안 쌓은 경력과 작품 등을 모아서 회사에 제출한 것에서부터였다. 회사에서 직원을 채용하기 위해 여러 작품을 모아 본 이유는 우수한 인재를 선발하기 위해서일 것이다. 단편적인 경력이나 하나의 작품으로는 제대로 평가할 수 없고, 필요한 인재를 놓치지 않기 위해서는 다양한 근거가 필요한데, 이 근거의 모음이 바로 포트폴리오이다. 포트폴리오의 사전적 의미는 '여러장의 서류나 그린 종이 따위를 한데 모아 끼워 넣은 서류철'로, 개인의 역량을 보여줄 수 있는 작품요약집 등을 가리킨다. 최근에는 그림이나 사집첩 외에도 다양한 영역에서 포트폴리오가 활용되고 있다. 대입에서 입시사정관제가 실시되면서 평가방법 외에 자신의 역량을 표현하는 스펙의 모음을 뜻하기도 한다.

포트폴리오의 특징은 내용 선택에 있어 교사와 학생의 의견과 학생의 목표설정이 포함되며 평가의 증거자료에는 반성적 진술을 포함한다는 점이다. 대표적이고 지속적으로 개선할 수 있는 내용을 선택하여 수집하고 학생의 성취에 관하여 타인과 의사소통할 것을 촉진하며 학생의 약점보다는 장점을 파악할 수 있게 해준다(김영천, 2007:456).[8]

포트폴리오는 기존 평가의 문제점인 단편적이고 일회성의 평가를 극복하고, 학생의 성장 과정을 볼 수 있는 평가도구로 활용되면서 국어과에서의 쓰기 능력과 미술과에서의 표현 능력, 과학과에서의 실험 능력 등을 평가할 때 많이 활용하고 있다.

국어과에서의 글쓰기는 편지글 쓰기, 기사문 쓰기, 주장하는 글쓰기, 감상문 쓰기, 시 쓰기, 대본 쓰기 등의 다양한 형태로 학년에 따라서 존재한다. 그런데 한 편의 글로 학생 전체의 글을 평가하기는 어렵다. 따라서 각 학년에 존재하는 글쓰기의 영역에 따라서 주제를 다르게 하거나 형식을 달리하여 글을 쓰게 하고 학기 말에 모음집을 평가하면 학생에 대해 좀 더 정확한 평가를 할 수 있다. 또한, 글쓰기 중간중간 교사의 피드백은 학생의 다음 글쓰기에 반영되어 학생이 보다 좋은 글쓰기를 할 수 있다. 학생의 쓰기 능력은 시간이 흐름에 따라 변화하는데, 그 변화를 평가에 반영하는 것이 수행평가의 본질에 맞을 것이다.

과학과에서의 실험보고서 평가에서도 하나의 실험을 평가하기보다는 학기나 학년 단위의 보고서 모음을 평가하는 것이 학생의 수준을 제대로 평가하는 척도표가 될 것이다. 평가척도표는 실험보고서의 평가척도표를 누적하여 평가하면 된다. 전체 실험보고서에 대한 결과를 평

---

8   김영천(2007). 현장교사를 위한 교육평가

균하여 학생을 평가하는 것보다는 실험보고서의 질적 변화를 살피고 발전 과정을 확인하면서 반영하는 것이 보다 효과적이다.

미술과에서 표현 활동은 가장 대표적인 수업이다. 여러 가지 재료를 활용하여 다양한 주제를 표현하는 것은 이미 학교에서 자주 실시하고 있다. 최근에는 교실에서 미술과 포트폴리오라고 해서 미술시간에 활동했던 모든 작품을 모아 평가하는 방법을 많이 사용한다. 다양한 설치 미술과 찰흙을 이용한 조소 등은 교실에 모아두기가 곤란할 경우 사진으로 남겨두면 효과적으로 평가할 수 있다.

아래 사례는 국어과에서 독서감상문 한 편을 글쓰기 평가방법으로 확인하기보다는 여러 편의 독서감상문을 쓰게 한 뒤 이를 포트폴리오 평가로 얼마나 학생들의 글쓰기 실력이 성장하였는지를 평가하고자 하였다.

문항설계

단원	6-2-독서 책을 읽고 생각의 폭을 넓혀요	평가방법	포트폴리오
성취기준	[6국05-01] 문학은 가치 있는 내용을 언어로 표현하여 아름다움을 느끼게 하는 활동임을 이해하고 문학 활동을 한다.		
평가내용	문학작품을 읽고 독서감상문 쓰기		

독서감상문 쓰기

독서감상문이란 책을 읽고 느낀 점을 쓴 글입니다. 우리는 책을 통해 새로운 지식을 얻거나 감동을 받지만, 시간이 지날수록 기억이 희미해집니다. 그래서 우리는 읽은 책의 내용을 잊지 않고 받은 감동을 오래 간직하기 위해 독서감상문을 씁니다. 한 학기 동안 우리 수준에 맞는 다양한 주제의 책을 읽은 후, 독서감상문을 써봅시다.

내 용	확 인					
독서감상문 확인	1차	2차	3차	4차	5차	6차
	9. 17.	10. 1.	10. 15.	10. 29.	11. 12.	11. 26.

3장

수행평가
문항 제작하기

수행평가의 구성

수행평가를 하기 위해서는 기본적으로 수행평가에 어울리는 학습목표, 즉 성취기준 도달정도를 수행평가로 평가하기에 적합한지가 여부가 제일 중요한 관건이다. 다음으로는 수행평가에 필요한 학습요소를 추출하는 데 있다. 그리고 이를 엮어서 수행평가 도구를 개발해야 한다. 이번 장에서는 수행평가 도구 개발을 위한 절차적 지식procedural&knowledge 및 기능에 대해 알아보고자 한다.

수행평가 도구를 만들기 위해서는 기본적으로 몇 가지 조건을 충족해야 한다.

첫째, 문항카드로 기본적인 정보를 제공한다.
둘째, 수행과제 제시가 필요하다. 학생들이 어떤 과제를 수행해야 하는지 안내도와 비슷하다.

셋째, 채점기준이 필요하다. 이는 논술형 평가의 기본답안과 같은 역할을 한다.

넷째, 평가기준이다. 이는 2009개정교육과정에서는 성취수준으로 수행평가 후 학생들의 현 수준을 나타내는 것을 의미한다. 2015개정교육과정이 도입되면서 성취수준이 평가기준으로 용어가 바뀌었다.

이상 네 가지는 수행평가를 실시하려면 반드시 충족해야 하는 요소이다.

이외에도 수행평가를 실시하기 위해서는 학생들의 수행능력을 기록해야 하는 체크리스트, 기록지 등이 필요하다. 그리고 평가를 하기 전 학생들의 인지적, 심동적 능력을 향상시킬 수 있는 교수학습설계를 해야 한다. 평가를 강조한 나머지 교수학습내용에 충실하지 못한다면 이는 제대로 알려주지 않고 평가만 하겠다는 논리가 된다.

따라서 어떤 평가를 하든 간에 교육과정-수업-평가-기록 일체화를 잊지 말아야겠다.

그럼 문항카드, 수행과제, 채점기준 및 평가기준 등에 대해 자세히 알아보자.

문항설계

문항설계에는 문항에 대한 정보가 담겨져 있다. 단원, 평가방법, 성취기준, 평가요소 등을 제시한다. 단원은 교과서의 평가를 실시하려는 해당단원이고, 평가방법은 학생이 주체가 되어 어떤 평가를 통해 교사들이 확인하려고 하는지에 대한 진술이다. 평가요소는 성취기준을 확인하는 데 있어서 피평가자(학생)가 꼭 응답하길 바라는 요소로, 수업 중엔 학습요소가 평가 시에는 평가요소가 된다.

최근 교과서 단위가 아니라 교육과정 단위의 이야기가 활발해지면서 교사는 교과서를 가르치는 것이 아니라 교육과정을 가르쳐야 한다는 담론이 확산되어, 단원을 진술하기보다는 교과교육과정을 일컫는 성취기준을 진술하자는 논의가 활발하다. 그럼에도 불구하고 교사들이나 학생들이 여전히 교과서를 많이 활용하고 있는 것 또한 자명한 사실이다. 만일 선생님이 근무하는 학교가 교과서에서 벗어나 교육과정을 논의하는 수준에 와있다면 문항설계에서도 단원은 얼마든지 생략 가능하다.

· 문항설계 예시 ·

단원	2. 내 안의 소중한 친구 (자신과의 관계)	평가방법	자기보고법
성취기준	[6도01-01] 감정과 욕구를 조절하지 못해 나타날 수 있는 결과를 도덕적으로 상상해 보고, 올바르게 자신의 감정을 조절하고 표현할 수 있는 방법을 습관화한다.		
평가내용	감정을 조절하는 방법을 알고 생활 속에서 실천하기		

수행과제

수행과제는 학생의 이해를 평가하는 도구로서, 학생들로 하여금 본인이 무엇을 수행해야 하는지 인지하게 하는 목적성을 수반한다. 학생이 학습한 것을 실제상황에서 적용해볼 수 있는 기회도 제공한다. 교사에게는 학생의 성취기준 도달여부를 확인할 수 있는 관련성이 깊다. 수행 과제는 수학 문제풀이처럼 문항 몇 문제를 출제하는 것과 질적으로 큰 차이가 있다. 왜냐하면 수행과제 속에는 지식을 기반으로 기능 및 가치ㆍ태도를 종합적으로 활용해 과제를 해결하는 포괄성이 요구되기 때문이다. 이때 제시된 수행과제에는 학생이 무엇을 수행해야 하는지에 대한 목표가 드러나야 한다. 그래서 문장은 가급적 학생들이 쉽게 이해하고, 수행 과정을 통해 해결할 수 있도록 명료하게 제시되어야 한다. 즉 학생들이 수행과제를 읽는 순간 스스로가 무엇을 해야 하는지를 알 수 있어야 한다. 수행과제를 접한 학생들이 궁금한 게 있거나, 쉽게 이해되지 않아 질문을 거쳐 과제를 이해해야 된다면 분명 제시된 수행과제에 문제가 있다는 의미이다. 수행과제가 갖춰야 할 구체적인 요건은 다음과 같다.

첫째. 목적이 분명해야 한다. 수행과제를 왜 해야 하는지, 이 과제로 얻고자 하는 게 무엇인지, 이 수행과제를 통해 우린 어떤 배움을 이룰 수 있는지를 안내해야 한다. 예컨대 최근 농구공 전수조사 관련 국회의원 요구조사 자료가 학교에서 핫한 이슈였다. 10년 치 농구공 현황을 묻는 것도 문제이지만 그보다 더 문제는 왜 이런 조사를 하는지 알려주지 않았다는 것이다. 목적의 당위성을 먼저 알리면 오히려 현장에서 먼저 도움을 주려 할 텐데 비밀주의, 한탕주의, 성과주의로 과정에 참여한 사람이 과연 내가 무엇을 하고 있는가에 대한 목적을 모르면 좋은 결과를 창출하기란 분명 쉽지 않다. 아는 학생들도 마찬가지다.

둘째. 수행 과정을 포함해야 한다. 어떤 절차를 거쳐야 하는지 알려줄 필요가 있다. 〈조건〉 방식을 활용하여 수행 과정을 하는 데 있어서 꼭 필요한 것들이 무엇이 있는지 명확히 알려준다.

셋째, 제시 자료 또는 조건이 문항 내용에 적합한지 살펴봐야 한다. 수행평가에서 필요한 수행과제 역시 평가의 타당성을 고려해야 한다. 즉 제시한 자료 및 조건이 해당 성취기준 도달에 밀접한 관련성이 있는지 살펴보아야 한다.

넷째. 최종 결과를 제시해야 한다. 학습자가 수행과제를 성공적으로 수행했는가를 명확하게 제시해줘야 한다. 성취기준은 내용 요소와 행동 요소가 함께 진술되어 있는데, 수행평가는 행동 요소에 따라 최종결과의 형태가 달라진다. 따라서 학습자에게 수행과제의 과정과 함께 최종 결과(산출물)를 함께 안내하여 수행과제를 명료화해야 한다.

다섯째, 실제 삶과 연계된 상황을 제시해주면 좋다. 수행평가의 최종 목적은 삶에서 필요한 역량을 함양하였는지를 간접적으로나마 확인하고 부족한 부분을 피드백하여 성장을 돕는 것이다. 제시된 상황이 도무지 나와 상관없고, 앞으로도 이러한 상황을 맞닥뜨리지 않을 것 같다면 과제를 수행하면서도 큰 의미를 찾기 어렵다.

여섯째, 학생의 흥미와 동기를 유발할 수 있어야 한다. 수행과제 역시 배움의 연속선상에 있어야 한다. 이는 수업과 평가가 동떨어지지 않아야 한다는 의미이다. 수업이 평가고, 평가가 곧 수업이라면 수행과제 역시 배움이 일어날 수 있는 학습요소를 가져야 한다. 이를 위해 과목의 특성에 맞게 과제를 만들면 좋다. 만일 사회과목이라면 시사성 및 지역성 그리고 학생들의 흥미를 유발할 수 있는 과제라면 학생들에게 분명 매력적으로 다가갈 것이다.

일곱째, 간결하고 명료해야 한다. 수행과제의 각 문장은 가능하면 단문으로 진술하여 수행과제의 의미를 간결하고 명료하며 정확하게 파악할 수 있어야 한다. 복문으로 진술하여 하나의 문장에 여러 개의 요구과제를 제시하면 과제 자체를 이해하는 데 어려움을 느낄 수 있어 과제를 수행하기 전에 과제 수행 동기를 잃어버릴 수도 있다. 만일 꼭 확인해야 할 평가요소가 여러 개라면 과제1, 과제2 등의 방식으로 과제를 분리하여 제시하는 것도 한 방법이 된다.

여덟째, 실행 가능성 여부이다. 학생들 수준을 고려하였는지를 판단해야 한다. 아무리 좋아보이는 수행과제라고 할지라도 학생들에게 무리한 요구를 한다든지, 과정을 수행하기 위해 본인의 능력 이상을 기대는 차원에서 전문가나 사교육의 도움을 필요로 한다면 그리 좋은 과제는 아닐 것이다.

아홉째, 단편적 지식이나 정보의 암기력보다는 종합적인 능력을 확인하고자 하는 것이다. 이는 수행평가의 도입배경과 밀접한 관련이 있다. 과거 단편적 지식만을 확인하는 문항의 한계에서 벗어나, 학생들의 종합적인 능력을 알아볼 수 있는 과제가 더욱 의미 있는 문항이라는 의미이다. 역량이라는 것이 무언가를 실제로 할 수 있는 능력이라면, 수행평가는 역량 함양의 여부를 확인하는 데 적합하다.

열째, 성취기준과 평가요소가 적합한 관계를 유지하는가이다. 확인하고자 하는 것들이 수행과제에 잘 담겨져 있냐의 여부이다. 그래서 학생들의 수행 과정 속에서 애초에 작성했던 평가계획서에 입각해 평가 값을 제대로 줄 수 있는지 생각해봐야 한다.

수행과제의 '수행'은 학습자가 실제 생활에서 일어날 수 있는 상황 속에서 자신이 가진 종합적인 능력을 활용하여 창의적으로 문제를 해결하는 과정을 의미한다. 교과단위에서는 해당 교과에서 성취기준 도달과 관련하여 꼭 알아야 하는 것들을 알고 있는가에 대한 일종의 확인과정 단계를 말한다. 즉 수행과제를 해결하였을 때 비로소 학습목표를 도달했다고 볼 수 있는 것이다. 그래서 수행과제를 만들 때에는 위 10가지 특성을 고려하여 학생들이 실제로 수행할 수 있는, 삶과 밀접한 과제를 제시할 수 있도록 하며, 단순한 수행과제에서부터 분석, 적용, 종합, 평가의 고차원적 사고과정을 필요로 하는 수행과제를 제시하면 좋다.

채점기준 만들기

수행평가는 수행 과정을 관찰하고 판단하는 평가로, 선천적으로 주관성을 배제할 수는 없는 한계를 지닌 평가이다. 물론 정답이 있는 평가가 아니라고 해서 아무렇게나 평가할 수는 없는 노릇이다. 어쩌면 정답이 없기에 명확한 채점기준이 더욱 필요할지도 모른다. 채점기준이라는 것은 평가자로 하여금 학생들의 수행 과정을 지켜볼 때에 평가자 머릿속에 기억해야 할, 실제 채점의 근거가 되는 자료이다.

채점기준을 의미하는 루브릭Rubric은 라틴어의 '붉은색'을 뜻하는 말로, 종교 예배 행사의 지침이나 법원의 결정내용을 중요하게 강조하기 위한 방법으로 사용되었다.

학생의 평가결과를 나타낼 때 가장 익숙한 방법은 점수로 기록하거나 등급을 매기는 것이다. 명확하게 정답과 오답으로 구분되는 경우에는 문제가 없다. 하지만 최근에는 정답과 오답으로 나누어지는 평가보다는 논술형 평가나 수행평가처럼 가치판단과 기능을 평가하는 등 정오를 명확하게 구분할 수 없는, 평가자로 하여금 질적인 면을 중시하는 평가로 전환되고 있다. 따라서 경계에 있는 평가결과나 점수로 환산하기 어려운 부분은 평정 결과를 평가 영역에 따라 학생의 수준을 서술 형태로 나타내도록 채점기준을 활용하기도 한다.

전통적 평가에서 점수와 등급에 대응하는 개념으로 학습자가 수행과제에서 드러낸 수행의 결과물이 어떤 수준에 있는지를 규명하고 판단하기 위하여 사용되는 수행평가에서 개발된 채점방법이다.

학생 평가결과에서 채점자의 주관이 개입되더라도, 신뢰성의 확보를 위해 점수를 평가요소별로 상세화하여 제시하고 있다.

수행평가에서 채점기준은 교사에게는 학생을 평가하는 기준이며, 학생에게는 평가를 준비하는 도움자료이다.

채점기준의 역할

채점기준은 단순히 채점 후 평가결과를 도출하기 위한 목적에만 그치지 않는다. 채점기준을 마련하는 과정은 평가자로 하여금 교육과정을 분석한 후에 어느 학습요소 습득에 중점을 둘 것인가 하는, 학습요소 우선순위의 기준이 된다. 채점기준의 역할을 좀 더 상세하게 알아보자.

첫째, 채점기준은 평가내용을 상세화한다. 교사는 학생을 평가하기 전에 성취기준을 분석하여 명확한 평가요소를 추출하여 채점기준을 개발해야 하고, 이를 통해 학생에게 평가결과에 대한 적절한 피드백을 제공할 수 있다. 학생들에게 채점기준이 평가에 대한 상세한 설명서가 되어 평가를 준비하는 데 도움이 된다.

둘째, 채점기준은 학생이 수행하는 과정에서 성취수준을 정확하게 파악하고 진단할 수 있다. 채점기준의 구성요소에 평가 영역과 영역별 성취단계를 진술하여 학생의 수준을 상세하게 밝힐 수 있다.

셋째, 채점기준 개발은 교사의 수업 연구를 촉진한다. 교사는 교육과정의 성취기준을 분석하여 도달해야 할 학습목표를 설정하고, 수업을 설계하여 운영한다. 수업을 통해 배움이 일어났는지 확인하는 평가를 위해서는 채점기준을 정교화해야 한다. 채점기준에는 수업으로 도달해야 할 배움의 정도를 명확하게 제시해야 하는데, 이를 위해서는 교과 내용의 전문성이 필요하다. 교과 내용의 전문성을 위해서 학년 및 교과 단위 전문적 학습 공동체와 함께 연구하면 보다 효과적이다. 혼자 채점기준을 개발하기보다 함께하면 미처 생각하지 못한 요소들을 좀 더 정교화하기 용이하다.

넷째, 학생들의 학습 길잡이 역할을 한다. 단원 개관 시 학생들에게 채점기준을 제시함으로써 학생들이 수행해야 할 수준과 범위를 제시하여 학습의 길잡이 역할을 할 수 있다. 이는 과거 시험 당일에 문항이나 수행과제를 처음 확인했을 때의 당황스러움을 초반에 제거할 수 있다는 장점이 있다. 과거 평가가 학생들의 순발력을 확인하는 것이냐는 볼멘소리를 줄이고, 학생들로 하여금 충분히 사고하고 준비할 수 있는 시간적 여유를 제공함으로써 평가의 목적을 보다 충실하게 도울 수 있다.

다섯째, 채점기준은 학생에게 자기 주도적 학습 및 자기관리 능력에 도움을 준다. 학생이 어떻게 평가 받을 것인지를 미리 알고 있기 때문에 평가 준거에 비추어 과제 또는 평가 상황을 스스로 준비할 수 있다. 어떻게 공부하고, 무엇에 중점을 두는지를 알고 공부하기 때문에 스스로 학습을 준비하고, 실천할 수 있다. 이를 통해 자기 주도적 학습 및 자기 관리 능력이 향상된다.

여섯째, 채점기준은 교사의 전문적학습공동체를 활성화시킬 수 있다. 동학년 및 동 교과 교사가 학생의 채점기준을 개발하기 위해 서로 연구하고, 공유를 통해 보다 질 높은 채점기준을 개발할 수 있다. 이런 긍정적 경험이 교사의 공동연구를 활성화시키는 동기로 작용한다.

채점기준의 구성

채점기준을 만드는 방법과 형태는 다양하다. 그러나 필요한 요소는 같다. 수행과제에 따른 평가요소, 채점 척도가 필요하다.

첫째, 성취기준 분석을 통해 개발된 평가요소 및 채점 척도로 평가의 비율, 배점 등 가중치를 표현할 수 있다. 성취기준의 도달에 밀접한 관련성에 따라 가중치를 달리하며, 성취기준과 관련 없으나 수행과제와 관련 있는 영역 및 가치, 태도에 대한 영역도 평가 영역에 포함시킬 수 있다. 단 평가결과의 타당도를 높이기 위해 평가 가중치는 높지 않아야 한다.

둘째, 채점 척도는 성취기준 분석에 따른 평가요소의 도달정도를 몇 가지 수준으로 구분하는 것이다. 수행의 정도를 기술하는 용어로 상/중/하 또는 3/2/1 등 다양한 형태로 수준을 진술할 수 있다.

셋째, 채점 척도에는 평가요소에 따른 성취수준을 서술해야 한다. 해당 평가요소에 따른 수준을 서술하는 것이다. 평가단계에 따라 다양한 수준의 단계로 구분할 수 있다.

채점기준의 방법

채점기준은 총체적 채점과 분석적 채점을 주로 사용하고 있다. 총체적 채점과 분석적 채점을 함께 사용하면 수행평가의 가치와 효율성을 극대화할 수 있다. 채점기준에 반영해야 할 사항은 다음과 같다.

첫째, 수행평가 과제 수행의 판단 준거인 지식, 기능, 태도의 구체적인 평가요소다.

둘째, 성취수준의 준거를 평정하기 위한 평가요소별 척도와 배점을 포함해야 한다.

셋째, 평가요소에 근거하여 학생의 수행 수준을 구별할 수 있는 세부적인 내용을 포함해야 한다.

총체적 채점기준은 학생의 수행 과정 혹은 결과물에 대해 평가요소에 초점을 맞추기보다는 전체적인 과정 혹은 결과물에 초점을 맞추어 평가하는 방법이다.

학생들이 평가결과로 제시한 산출물에 대한 전반적인 인상으로 바탕으로 전체요소의 단일점수를 산출하는 방법으로 학생의 성취도를 등급으로 분류하거나 순위를 구별할 때 유용하게 사용된다.

그러나 학생들의 수행 과정을 지켜보면 제시한 총체적 채점기준의 예시처럼 딱 3가지 분류(상/중/하)로 모든 학생의 능력을 분류할 수 있지는 않다. 즉 경우의 수가 3가지만 있는 것이 아니다. 어떤 학생은 관찰계획을 잘 세우되 배추흰나비 성장과정 중 1~2개 시기의 특징만 설명할 수 있고, 한살이 과정을 명확히 이해하지 못한 학생도 있을 수 있다. 반면 누군가는 관찰계획도 잘 세우고 한살이 과정을 잘 설명하지만 역시 배추흰나비 성장과정 중 1~2개 시기의 특징만 설명할 뿐 알, 애벌레, 번데기, 성충 모두의 특징을 제대로 설명할 수 없을 수도 있다. 이처럼 개개인마다 피드백 관점에서 학생의 수행을 분석하여 학생에게 맞춤형 피드백을 제공하기에는 한계가 있다.

• 총체적 채점기준 예시안 •

성취기준		[4과10-02] 동물의 한살이 관찰계획을 세우고, 동물을 기르면서 한살이를 관찰하며, 관찰한 내용을 글과 그림으로 표현할 수 있다. 〈탐구활동〉 동물의 한살이 관찰하기
채점 척도	상	배추흰나비의 특성을 알고, 기르기 위한 관찰계획을 세우며, 배추흰나비의 성장 과정(알, 애벌레, 번데기, 성충)을 모두 관찰하여 배추흰나비의 한살이 과정과 특징을 설명했다.
	중	배추흰나비를 기르기 위한 관찰계획을 세우며, 배추흰나비의 성장 과정(알, 애벌레, 번데기, 성충)중 2~3시기의 특징과 모습을 기록하고, 배추흰나비의 한살이 과정을 설명했다.
	하	배추흰나비를 기르기 위한 관찰계획을 세우지 못하며, 배추흰나비의 성장 과정(알, 애벌레, 번데기, 성충)중 한 시기 이하의 특징과 모습을 기록하고, 배추흰나비의 한살이 과정을 알지 못한다.

분석적 채점기준은 학생의 수행 과정 혹은 결과물에 대해 성취기준을 분석하여 평가요소를 만들고 각 요소별로 수행능력을 기술한 후, 그 기준에 맞춰 평가하고 평가결과를 합산하여 학생의 수행능력을 판단하는 방식이다.

분석적 채점기준은 학생의 장점과 단점을 교사가 진단적으로 분석하기 용이하며, 학생의 학습 활동을 점검, 개선할 수 있는 형성적 피드백을 제공하기도 좋다.

성취기준	[4과10-02] 동물의 한살이 관찰 계획을 세우고, 동물을 기르면서 한살이를 관찰하며, 관찰한 내용을 글과 그림으로 표현할 수 있다. 〈탐구활동〉 동물의 한살이 관찰하기		

| 평가요소 | 채점 척도 | | |
	상	중	하
관찰계획 수립 (3, 2, 1)	배추흰나비의 특성을 알고, 기르기 위한 관찰계획을 세웠다.	배추흰나비를 기르기 위한 관찰계획을 세웠다.	배추흰나비를 기르기 위한 관찰계획을 세우지 못했다.
관찰 일지 기록하기 (7, 5, 3)	배추흰나비의 성장 과정 (알, 애벌레, 번데기, 성충)을 모두 관찰하여 특징과 모습을 기록했다.	배추흰나비의 성장 과정 (알, 애벌레, 번데기, 성충) 중 2~3시기의 특징과 모습을 기록했다.	배추흰나비의 성장 과정 (알, 애벌레, 번데기, 성충) 중 한 시기 이하의 특징과 모습을 기록했다.
곤충의 한살이 이해 (3, 2, 1)	배추흰나비의 한살이 과정과 특징을 설명했다.	배추흰나비의 한살이 과정을 설명했다.	배추흰나비의 한살이 과정을 알지 못한다.

위 예시안에서 볼 수 있듯 총체적 채점기준과 달리 평가요소를 관찰 계획 수립, 관찰 일지 기록하기 및 곤충의 한살이 이해 측면으로 크게 세 가지로 구성했다. 또한 채점 적도를 우수/보통/기초 수준에 맞춰 좀 더 세분화했다. 이렇게 채점기준안이 마련되면 총체적 채점기준에서 크게 3가지 경우로 평가결과를 구분한 것과 달리, 9가지 경우로 세분화해 평가할 수 있다는 측면에서 학생 개개인마다 드러나는 수행능력을 보다 현실적이고 타당하게 평가할 수 있다는 장점이 있다.

그러나 채점자 간 일관된 채점이 가능하나 채점시간이 많이 소요되는 단점이 있고, 평가요소에 대한 객관적인 근거 확보에는 유리하나 확인하고 들여다봐야 할 평가요소가 많아 이것저것 확인해야 해 실제 현장에서 적용할 때는 평가자인 교사가 요소를 놓치는 경우가 있을 수 있다. 그래서 학년별로 평가요소 개수를 나눌 필요성이 있다. 또한 요소별 평가는 가능하나 자칫 나무만 보고 숲을 보지 못하는 평가가 될 수 있다. 이러한 단점을 보완하기 위해 성취기준 중 가장 중요한 부분에 가중치를 두어 평가의 타당도를 높일 수 있다.

이 두 가지 채점기준 방식 외에도 다양한 형태의 채점기준 방식을 구안하여 현장에 적용할 수 있다. 가장 효과적인 평가도구는 교실에서 적용했을 때 학생 전체를 교사 1인이 평가할 수 있는, 실용성이 있는 도구이다.

채점기준 점검사항

채점기준을 작성한 후 교과 및 학년협의회에서는 채점기준에 적합도에 대하여 다음 항목에 따라 점검할 수 있다. 물론 점검항목은 동학년 선생님들과 이야기를 나누며 관점에 따라 추가하거나 변경할 수 있다.

첫째, 성취기준에서 요구되는 도달 목표에 맞게 평가요소 및 채점 척도를 제시하고 있는가이다. 이는 평가의 신뢰도와 공정성 확보를 위해 가장 중요한 사항이다. 채점기준 하나하나를 들여다봤을 때 문제가 없어 보일지라도 성취기준 도달정도를 확인하는 데 있어서 타당도 관점에서 살펴보자면 일부 변경사항이 발견되기도 한다.

둘째, 학생의 지식, 기능, 가치·태도의 성장과 발달 정도를 파악할 수 있는가이다. 이는 평가의 목적과도 관련성이 짙은 것으로, 평가를 위한 평가가 아닌 학생의 성장에 도움을 줄 수 있는가에 대한 관점을 가지고 들여다봐야 한다는 의미이다. 즉 학생에게 맞춤형 피드백을 제공할 수 있는지 확인해야 한다.

셋째, 학생의 결과 산출 혹은 응답 수준을 변별할 수 있는 채점 척도인가를 확인해야 한다. 척도상의 분류는 되어 있으나 분류 간 진술의 차이가 크지 않아 변별의 경계가 모호한 경우엔 중간 수준의 값을 주는 경우가 발생하기도 한다. 이를 경계하기 위해 척도마다 명확히 구분되는 진술이 필요하다.

넷째, 수행평가 과제 유형에 적절한 평가요소, 채점 척도 등이 제시되었는지를 확인해야 한다. 이는 이번 수행과제가 기능보다는 가치·태도에 중점을 둔다면, 평가요소 및 채점 척도 역시 기능에 초점을 맞출 때와는 또 달라질 수 있다는 의미이다. 즉 평가하고자 하는 특성에 따라 적절한 평가요소 추출 및 채점 척도를 마련해야 한다.

다섯째, 평가요소와 채점 척도의 진술이 서로 배타성과 포괄성을 지니고 있는지를 확인해야 한다. 배타성이란 평가요소간의 평가하고자 하는 내용이 중복되지 않아야 한다는 의미이다. 포괄성은 성취기준에 따른 평가요소가 누락되지 않고 전체 성취기준을 평가할 수 있어야 된다는 의미이다. 평가내용이 중복되지 않으면서 성취기준 전체의 내용을 반영해야 한다.

여섯째, 채점기준에 따른 평가요소를 실제 평가에서 확인할 수 있는지를 확인해야 한다. 평가요소의 개수는 성취기준의 내용과 수준에 따라 다르다. 하지만 아무리 촘촘한 평가요소도 실제 평가에서 확인하지 못하면 '그림의 떡'일 수밖에 없다. 보통 5개를 넘어선 평가요소는 실제 평가에서 확인하기 어렵다. 만약 확인해야 할 내용이 많다면 수행과제를 분리하여 여러 번에 걸쳐 확인해야 한다.

마지막으로 채점기준을 학생 및 학부모에게 안내하였는가에 대한 확인이 필요하다. 사실 지금까지 학생들에게 채점기준을 제공한다는 것 자체가 아직 평가자인 우리들에게 낯선 풍경이다. 누군가는 답안지를 먼저 공개하는 것과 무엇이 다르냐는 의아함을 표하기도 한다. 그러나 평가의 목적이 선발, 분류가 아니라 학생의 성장과 발달에 있음을 양지하고, 평가를 바라보는 패러다임의 변화를 받아들여야 한다. 이뿐 아니라 수행평가는 정답형 평가와 달리, 학생들의 수행 과정을 살펴보고 적절한 피드백을 하고자 하는 평가이기에 채점기준을 제시한다고 해서 답을 유출하는 것도 아니다. 오히려 학생들로 하여금 명확한 목적의식을 심어줘 보다 분명한 수행 과정을 준비할 수 있는 안내도의 역할을 톡톡히 해낸다.

· 채점기준 점검표 ·

순	점검 내용	확인
1	성취기준에서 요구하는 도달 목표에 맞게 평가요소 및 채점 척도를 제시하고 있는가?	
2	학생의 지식, 기능, 가치 · 태도의 성장과 발달 정도를 파악할 수 있는가?	
3	학생의 결과 산출 혹은 응답 수준을 변별할 수 있는 채점 척도인가?	
4	수행평가 과제 유형에 적절한 평가요소, 채점 척도 등이 제시되었는가?	
5	평가요소와 채점척도의 진술이 서로 배타성과 포괄성을 지니고 있는가?	
6	채점기준에 따른 평가요소를 실제 평가에서 확인할 수 있는가?	
7	채점기준을 학생 및 학부모에게 안내하였는가?	

수행평가 채점기준 만들기

분석과학적 채점기준 및 총체적 채점기준을 제작 절차에 따라 초등학교 3학년 과학과의 '생명의 연속성' 영역의 교육과정 성취기준을 하나 선정하여 채점기준 만드는 과정을 살펴보면 다음과 같다.

교과	학년-학기	내용/행동 영역	수행평가 유형
과학	3–1	생명의 연속성 / 탐구, 태도	관찰보고서

관련 단원	3. 동물의 한살이
성취기준	[4과10–02] 동물의 한살이 관찰계획을 세우고, 동물을 기르면서 한살이를 관찰하며, 관찰한 내용을 글과 그림으로 표현할 수 있다.
평가내용	곤충의 한살이 관찰계획에 따라 곤충을 기르며 관찰하고, 발표하기

과학 3학년 1학기 3단원 동물의 한살이의 성취기준은 **동물의 한살이 관찰계획을 세우고, 동물을 기르면서 한살이를 관찰하며, 관찰한 내용을 글과 그림으로 표현할 수 있다.**이다. 이를 위하여 수업시간에 학생들은 수업시간에 동물 키우고 관찰하는 방법을 익힌 후, 실제로 일정 기간 동안 동물을 선정하여 직접 키우는 경험을 하도록 계획하였다. 이러한 과정은 평가 관점에서 관찰보고서를 작성하고, 친구들에게 관찰한 결과를 발표하는 방식으로 평가 장면을 구성하였으며, 성취기준 분석단계에서 평가내용은 곤충의 한살이 관찰계획에 따라 곤충을 기르며 관찰하고, 발표하기로 정하였다.

다음으로 다음 순서에 입각하여 채점기준을 마련하였다.

- 1단계: 성취기준 분석을 통하여 평가요소 선정하기
- 2단계: 채점 척도에 성취기준의 타당도가 높은 평가요소에 가중치 두기
- 3단계: 평가요소에 따른 도달정도인 채점 척도를 3단계로 편성하여 좌측부터 평가요소의 우수, 보통, 기초의 수준으로 배치하기(물론 채점 척도는 3단계만 있는 것이 아니라 2단계, 4~5단계 구성도 가능하다).

먼저 평가요소를 선정하는데, 평가요소는 첫째, 동물의 한살이 과정을 어떻게 관찰할 것인지 관찰계획을 수립하는 과정을 중요하게 보았다. 둘째, 계획에 입각하여 실제 관찰한 내용을 일지에 얼마나 자세히 기록하였는지를 보았다. 셋째, 성취기준을 분석해보면 계획 수립 및 일

지 기록이 중요하지만, 관찰계획을 수립하고 실제 관찰과정을 일지에 기록하면서 한살이 과정에 대한 전반적인 이해를 갖추었는지 또한 평가자로서 중요한 평가요소로 선정하였다. 그러나 이 세 번째 요소는 위 두 가지 평가요소에 비해 가중치를 낮게 두었다. 이는 성취기준과 타당도 측면에서 상대적으로 덜 중요한 요소로 보았기 때문이다. 그리고 채점 척도를 3단계로 정하고 아래 표처럼 각각의 평가요소에 맞는 채점 척도 내용을 정하였다.

교육과정 성취기준	[4과10-02] 동물의 한살이 관찰 계획을 세우고, 동물을 기르면서 한살이를 관찰하며, 관찰한 내용을 글과 그림으로 표현할 수 있다.		
평가요소	**채점 척도**		
	상	**중**	**하**
관찰계획 수립 (3, 2, 1)	배추흰나비의 특성을 알고, 기르기 위한 관찰계획을 세웠다.	배추흰나비를 기르기 위한 관찰계획을 세웠다.	배추흰나비를 기르기 위한 관찰계획을 세우지 못했다.
관찰 일지 기록하기 (7, 5, 3)	배추흰나비의 성장 과정(알, 애벌레, 번데기, 성충)을 모두 관찰하여 특징과 모습을 기록했다.	배추흰나비의 성장 과정(알, 애벌레, 번데기, 성충)중 2~3시기의 특징과 모습을 기록했다.	배추흰나비의 성장 과정(알, 애벌레, 번데기, 성충)중 한 시기 이하의 특징과 모습을 기록했다.
곤충의 한살이 이해 (3, 2, 1)	배추흰나비의 한살이 과정과 특징을 설명했다.	배추흰나비의 한살이 과정을 설명했다.	배추흰나비의 한살이 과정을 알지 못한다.

평가기준

2015개정교육과정 총론에서는 평가기준을 이렇게 정의한다.

- 교육과정 성취기준에 도달한 정도를 상/중/하로 나누어 진술한 것
- 평가활동에서 학생들이 어느 정도의 수준에 도달했는지를 판단하기 위한 실질적인 기준 역할을 할 수 있도록 각 성취기준에 도달한 정도를 상/중/하로 구분하고 각 도달정도에 속한 학생들이 무엇을 알고 있고, 할 수 있는지를 기술한 것

즉, 평가가 끝난 후 학생들에게 부여되는 최종의 수준 및 상태를 진술한 것이라 이해할 수 있다. 국가수준 교육과정에서는 매 성취기준마다 평가기준을 상/중/하 3단계로 제시하고 있다. 실제 평가문항을 출제할

때 평가기준을 참고하면 대략적인 방향성을 알 수 있어 유익하다. 그러나 평가문항은 교사마다 다를 수 있고, 평가기준도 교사들의 평가문항에 따라 얼마든지 달라질 수 있다. 즉 예시적 성격으로 이해하는 것이 맞다. 본 저자들의 경우 평가기준을 그대로 사용하는 경우도 있으나, 실제 평가기준을 변경하여 문항을 출제했던 경우도 빈번하다.

실제 총론에서도 평가기준의 활용에 대해 아래와 같이 설명하고 있다.

> 평가기준이란 학습 정도를 판단하기 위해 성취기준에 도달한 정도를 상/중/하로 구분하여 학생들이 무엇을 알고 있고 할 수 있는지를 기술한 것을 의미한다. 평가기준은 단위 학교에서 반드시 그대로 따라야 하는 것이 아니라 예시적 성격을 가지고 있으며, 학교의 상황 및 여건 등을 고려하여 평가기준을 수정·보완하여 사용할 수 있다.

그런데 평가기준의 한계에 따른 학생 평가결과통지에 대한 제언을 한번 해보고자 한다. 사실 『평가란 무엇인가』 및 『과정중심평가란 무엇인가』에서도 이에 대한 제언을 한바 있는데 각각 버전 1.0, 2.0이라 한다면, 이번에는 3.0 버전의 제언이라고도 볼 수 있겠다. 예컨대 성취기준 **대표적인 유물과 유적을 통해 선사시대 사람들의 생활 모습을 설명할 수 있다.**에 해당하는 평가기준은 아래와 같다.

평가기준	
상	대표적인 유물과 유적을 통해 선사시대 사람들의 생활 모습을 시대별로 구분하여 설명할 수 있다.
중	대표적인 유물과 유적을 통해 선사시대 사람들의 생활 모습을 말할 수 있다.
하	선사시대 사람들의 생활 모습을 보여 주는 유물과 유적의 예를 제시할 수 있다.

평가기준 제언 1.0

많은 학교에서 이를 총체적 채점기준처럼 생각해 그대로 사용하곤 한다. 어떤 경우에는 이것이 충분조건이 되어 그대로 사용해도 크게 무방하기도 하지만, 엄밀히 말하자면 채점기준과 평가기준은 의미뿐 아니라 내용상에서도 차이가 있다. 아직도 많은 학교에서는 상/중/하 3단계혹은 매우 잘함/잘함/보통/노력요함 식의 4단계 진술방식을 취하는데, 만일 '상' 혹은 '매우 잘함'이라고 등급을 매겨 학생이나 학부모에게 통보하지만, '상' 혹은 '매우 잘함'의 의미가 생각보다 명확하지 않다. 그냥 추상적으로 '잘하나 보다'라고 생각하거나 '시험을 잘봤구나'라고 인식되지, 피평가자가 구체적으로 어떤 수준인지 확인하기엔 명확치 않다는 한계가 있다. 그래서 이러한 한계를 보완하기 위해 상/중/하의 방식이 아닌 '상'의 실질적인 의미인 '대표적인 유물과 유적을 통해 선사시대 사람들의 생활 모습을 시대별로 구분하여 설명할 수 있다'고 적어보내는 학교도 있다. 이러한 흐름은 점수화에 대한 방식으로 말미암아학생들을 서열화시키고 있다는 지적이 있지만, 70점 내지 80점으로 통보를 하거나 상/중/하로 구분하거나 별반 차이가 없다고 말하는 것에

맥을 같이하여 실제적인 평가기준을 문장으로 적어 보내자는 단위학교 구성원 간의 합의 속에서 나온 아이디어인 셈이다.

그러나 이러한 방식은 통지에 대한 새로운 변화를 가져왔으나 실제 평가자인 교사들이 평가를 하기엔 한계를 여전히 가지고 있는 상황이다. 그래서 교사들마다 총체적 채점기준이 아닌 평정척도형 분석적 채점기준으로 평가요소를 추출하고, 각 평가요소마다 가중치를 두어 점수 주는 방식을 취하고 있다. 그래서 최종적으로 평가기준은 평가요소에서 몇 점 이상일 경우 '상'으로 진술하는 것인데, 이는 가정에 통보하는 방식의 변화와 더불어 평가를 좀 더 명확하게 하고자하는 변화이다. 여기까지를 버전 1.0으로 제언한바 있다.

· 평가기준 1.0 ·

평가요소	점수		
	상	중	하
1. 유물을 통해 선사시대 사람들의 생활 모습을 설명할 수 있는가?	5	3	1
2. 유물(도구)을 사용했을 때 문제점을 찾고, 개선할 사항을 구상 및 제작하였는가?	5	3	1
3. 제작한 도구와 관련된 아이디어를 친구들에게 소개하였는가?	3	2	1

평가기준	
상 (11점 이상)	대표적인 유물과 유적을 통해 선사시대 사람들의 생활 모습을 시대별로 구분하여 설명할 수 있다.
중 (8-10점)	대표적인 유물과 유적을 통해 선사시대 사람들의 생활 모습을 말할 수 있다.
하 (7점 이하)	선사시대 사람들의 생활 모습을 보여 주는 유물과 유적의 예를 제시할 수 있다.

평가기준 제언 2.0

버전2.0으로는 아래와 같은 방식으로 평정척도형 분석적 채점기준에서 한걸음 더 나아가 루브릭 형태의 채점기준안을 제언했었다. 이는 평정척도형 분석적 채점보다도 좀 더 자세하게 학생의 성취정도를 파악하기 용이하다는 장점이 있다. 그런데 루브릭 채점법은 교사의 역량에 따라 질적인 차이를 보이고 있을 뿐 아니라, 실제 매 평가마다 루브릭 채점기준을 만들어야 한다는 부담 요소가 있다. 그럼에도 불구하고 본 저자들은 지난 『과정중심평가란 무엇인가』에서 버전 2.0의 방식을 소개한바 있다. 이러한 과정으로 평가를 실시한 결과 학생들을 보다 명확하고 평가할 수 있었을 뿐 아니라 피드백을 하는 데도 상당한 교육적 효과가 있었기 때문이다.

· 평가기준 2.0 ·

평가요소	채점 척도		
	상	중	하
유물과 생활 모습 관련짓기 (5, 3, 1)	유물과 선사시대 사람들의 생활 모습을 관련시켜 구체적으로 설명할 수 있음.	유물을 통해 선사시대 사람들의 생활 모습을 설명할 수 있음.	선사시대 유물은 제시할 수 있으나 생활 모습과 관련하지 못함.
유물(도구) 개선하기 (5, 3, 1)	유물(도구)을 사용했을 때 문제점을 합리적으로 찾고, 이를 개선하기 위한 아이디어가 구체적이고 활용이 가능하도록 구상 및 제작함.	유물(도구)를 사용했을 때 문제점을 찾고, 개선할 사항을 구상 및 제작함.	유물(도구)이 실제 생활에 사용했을 때 개선할 사항을 찾았으나 실용성이 떨어짐.
설명하기 (3, 2, 1)	제작한 도구와 관련된 아이디어를 실제 선사시대 사람들의 생활 모습과 연계하여 구체적으로 소개를 잘함.	제작한 도구와 관련된 아이디어를 친구들에게 소개를 함.	제작한 도구와 아이디어가 부족하여 친구들에게 소개하기를 힘들어 함.

평가기준 제언 3.0

이번에는 버전 3.0을 제언하고 싶다. 위 루브릭 채점법도 결국 상/중/하 방식을 크게 벗어날 수 없었다는 한계가 있었다. 실제 NEIS는 여전히 3, 4, 5, 7단계의 정량적 평가기술을 해야 하는 시스템이기에 어쩌면 위 평가방식을 선택하더라도 점수의 합으로 상 혹은 중, 하식을 결정할 수밖에 없기도 하다. 그러나 평가의 원래 목적이 무엇이었나. 단순히 상/중/하 혹은 매우 잘함/잘함 식의 등급을 부여가 아니라, 학생들의 현 수준을 파악하여 피드백을 더 잘하고자 함이었다. 이에 아래와 같은 방식은 어떨까 하고 고민해보았다.

루브릭 형태에서는 크게 달라질 것이 없으나 자세히 보면 평가요소 아래에 있는 점수지표를 삭제하였다. 만일 한 학생이 아래와 같은 결과를 얻었다고 가정해보자. 이해를 돕기 위해 아래 루브릭 칸에 음영으로 표시해 두었다.

· 채점기준 3.0 ·

평가요소	채점 척도		
	상	중	하
유물과 생활 모습 관련 짓기	유물과 선사시대 사람들의 생활 모습을 관련시켜 구체적으로 설명할 수 있음.	유물을 통해 선사시대 사람들의 생활 모습을 설명할 수 있음.	선사시대 유물은 제시할 수 있으나 생활 모습과 관련하지 못함.
유물(도구) 개선하기	유물(도구)을 사용했을 때 문제점을 합리적으로 찾고, 이를 개선하기 위한 아이디어가 구체적이고 활용이 가능하도록 구상 및 제작함.	유물(도구)을 사용했을 때 문제점을 찾고, 개선할 사항을 구상 및 제작함.	유물(도구)이 실제 생활에 사용했을 때 개선할 사항을 찾았으나 실용성이 떨어짐.
설명하기	제작한 도구와 관련된 아이디어를 실제 선사시대 사람들의 생활 모습과 연계하여 구체적으로 소개를 잘함.	제작한 도구와 관련된 아이디어를 친구들에게 소개를 함.	제작한 도구와 아이디어가 부족하여 친구들에게 소개하기를 힘들어 함.

▼

평가기준
유물과 선사시대 사람들의 생활 모습을 관련시켜 구체적으로 설명할 수 있음. 유물(도구)이 실제 생활에 사용했을 때 개선할 사항을 찾았으나 실용성이 떨어짐. 제작한 도구와 관련된 아이디어를 친구들에게 소개를 함.

이런 경우 버전 2.0이라면 8점 이상으로 '중'이라는 결과가 주어졌을 것이다.

평가기준	
상 (11점 이상)	대표적인 유물과 유적을 통해 선사시대 사람들의 생활 모습을 시대별로 구분하여 설명할 수 있다.
중 (8–10점)	대표적인 유물과 유적을 통해 선사시대 사람들의 생활 모습을 말할 수 있다.
하 (7점 이하)	선사시대 사람들의 생활 모습을 보여 주는 유물과 유적의 예를 제시할 수 있다.

'중'의 의미가 매우 모호하다. 학생들은 '중'이라고 할 때 어떤 생각을 하게 될까? 그래서 점수합산에 의한 결과통지가 아닌 채점기준에 나와 있는 문장들을 있는 그대로 서술하는 방식을 생각해보았다. 즉 위 학생에 대한 평가는 "유물(도구)이 실제 생활에 사용했을 때 개선할 사항을 찾았으나 실용성이 떨어지나 유물과 선사시대 사람들의 생활 모습을 관련시켜 구체적으로 설명할 수 있고, 제작한 도구와 관련된 아이디어를 친구들에게 소개를 함"식의 진술이 된다.

이렇게 변화하려면 NEIS의 변화가 불가피하고, 교사마다 루브릭 채점기준을 만들 수 있는 역량 함양이 필수가 될 것이다. 또한 단순히 교육적으로 의미가 있다손 치더라도 모든 것을 교사의 열정에만 기댈 수도 없는 노릇이다. 그래서 교육과정을 전공한 본 저자들은 국가수준 교육과정의 대강화 차원에서 필수 성취기준과 선택 성취기준을 나눠 꼭 학교에서 가르치고, 평가해야 하는 성취기준을 지금보다도 더 적정화 해야 한다고 주장하고 있다.

또한 여전히 교사들에게 주어진 업무를 최소화하는 방안을 생각해야 하고, 교육과정-수업-평가 일체화라는 화두를 곧 지나갈 유행어가 아니라 교육과정을 중하게 여기는 학교문화로 정착될 수 있도록 다시 한번 중요성을 강조해야 한다. 이에 교육지원청을 비롯한 교원양성기관에서도 교사들의 역량 함양을 위한 연수 개설 및 평가문항제작의 커리큘럼을 도입해, 교사로 임용되기 전부터 임용되고 난 뒤에도 지속적인 역량 함양을 위해 교사 생애주기 연수를 마련할 필요가 있다.

참고사항 [9]

가. 성취기준에 대한 학생의 도달정도 판단에 활용

기본적으로 평가기준은 해당 성취기준에서 기대하는 지식, 기능, 태도 등을 학생들이 어느 정도 성취하였는가를 판별하는 데 활용된다. 즉, 성취기준의 도달정도를 질적인 수준으로 구분하여 제시함으로써 학생들의 성취를 파악하고 부족한 부분을 확인하며, 차후의 형성적 지도를 계획하는 일련의 과정의 토대가 된다. 이와 같은 평가기준은 단원이나 영역 단위 혹은 더 나아가 교과 전체 차원에서도 학생의 성취수준을 판단하기 위한 가늠자 역할을 할 수 있다.

나. 교수 · 학습 관련 정보 제공 및 학생 수준을 고려한 수업 설계에 활용

평가기준은 학생들이 해당 성취기준에 도달한 정도에 대한 질적 판단을 위해 몇 개의 수준으로 구분하여 도달정도를 기술한 것으로, 해당 단계의 학생들이 성취한 지식, 기능, 태도의 능력과 특성을 예시하는 내용으로 기술된다. 또한 평가기준 기술에는 학생들의 학습을 구성하는 내용과 성취기준에 도달하기 위한 구체적인 교수 · 학습 상황이 포함되기도 한다. 이 경우 평가기준은 단순히 학생들의 수준을 가늠하는 일뿐만 아니라 학습을 통해 성취하고

---

9 2015개정교육과정에 따른 초 중학교 교과 평가기준 개발 연구(총론), 한국교육과정평가원(2016)

자 하는 바와 그에 관련된 교수 · 학습 정보를 교사들과 소통함으로써 교사들이 실제 수업을 구상하고 실천하는 일을 돕는 데 기여하기도 한다. 더 나아가 평가기준의 수준 구분 상, 중, 하 수준은 지식의 깊이나 수행의 복잡성 등에 차이를 두어 진술되며, 따라서 이러한 지식의 깊이나 수행의 복잡성에 따라 교사는 학생 활동을 수준별로 구성하여 교수 · 학습을 진행할 수 있다. 이와 같은 맥락에서 평가기준은 교사가 학생의 수준을 고려한 다양한 교수 · 학습 활동을 계획하고 실천하는 데 활용할 수 있다. 평가기준을 통해서 교수 · 학습의 방법, 구체적인 활동 계획을 수립하는 중요한 단서를 얻을 수 있다는 점이 중요하며, 이는 다시 교육과정 성취기준과 수업 그리고 평가의 일관성을 견지하는 중요한 기제로 활용될 수 있다.

다. 평가 문항 제작 및 채점기준 설정의 근거로 활용

평가기준의 가장 기본적인 용도는 학생들의 성취정도를 가늠하고 판단하는 데 있다. 이와 같은 평가활동에 있어서 중요한 것은 그러한 성취를 온전히 읽어낼 수 있는 평가도구를 마련하는 일이다. 평가기준은 성취기준을 바탕으로 평가할 내용과 그러한 내용이 학생들의 지식, 기능, 태도 등의 구체적인 징표로 어떻게 드러나야 할지를 기술해줌으로써 교사들이 평가 문항을 만들고 그에 따른 채점기준을 수립하는 근거로 활용될 수 있다. 한편 평가기준은 다양한 형식의 평가 문항 제작에 활용될 수 있지만 특히 수행평가나 과정중심 평가와 같은 질적 평가 문항을 제작하는 데 적합할 수 있다. 무엇보다 평가기준 기술은 학생들이 도달한 정도에 대한 질적인 수준 구분이다. 따라서 학생 성취의 질적인 판단이 필요한 평가 문항의 제작 시, 평가기준이 중요한 가늠자가 될 수 있다. 교사들은 평가기준에서 제시하고 있는 상, 중, 하의 구분을 바탕으로 학생의 수행 정도를 질적으로 판단할 수 있게 된다.

4장

수행평가 문항 사례

>>>>>>>>>>

　　교육과정–수업–평가 일체화를 실천하며 가장 어려웠던 점은
무엇일까. 주변 선생님들께 여쭤보면 한결같이 '평가'라고 이야기한다.
평가가 갑자기 생겨난 새로운 제도도 아니고 학교가 설립된 이래로 쭉
계속되어왔음에도 여전히 많은 선생님이 어려움을 느끼고 있다. 이유
를 찾아보니 최근 교육정책의 변화 때문이 아닌가 싶었다. 선택형 평가
에서 서술형, 논술형 평가로 전환되어 현장에서 겨우 발맞추고 있는데,
갑자기 수행평가도 제대로 해야 한다고 하니 늘 새롭고 힘들기만 한 것
이 평가일 것이다.

　수행평가는 앞 장에서 누누이 이야기했듯이 시행한지 20년이 되었다.
그동안 현장의 수행평가는 선생님의 재량이 큰 동시에 외부의 누구에
게도 보이지 않아도 되는 평가였다. 또한 누구도 크게 관심을 갖지 않
았던 만큼 변화나 발전도 더뎠다.

　2015년에 1년 동안 교실에서 학생 평가를 실천했던 사례를 기반으로
2016년에『평가란 무엇인가』를 집필하였다. 주로 성취기준을 분석하여
평가요소를 추출하고, 평가요소에 따른 평정척도에 알맞게 평가기준을
제시하는 방법이었다.

　2017년에 몇 개 교과와 성취기준을 교실에서 실천한 사항을 2018년
에『과정중심평가란 무엇인가』에서 루브릭을 활용한 평가방법을 제언
하였다. 현장에 제언했던 만큼 저자로서 전체 교과에 적용해야 한다는
책무성을 지니고, 동학년 선생님들과 협력하여 2018년 한 해 동안 가르

치는 전체 교과용 루브릭 기반 수행평가를 개발하여 운영하였다. 이번 책에는 실제 수행평가를 제작하고 운영하면서 느꼈던 어려움과 기쁨에 대해 이야기하려고 한다.

본 장에서는 교실에서 학생들과 함께 한 사례들 중에서 대표적인 평가방법들을 선별하여 구성하였다. 제시한 수행평가 사례는 예시로서 완벽한 자료가 아니다. 그럼에도 부끄러움을 무릅쓰고 이 사례들을 공유하는 까닭은 더 나은 수행평가 사례의 탄생에 조금이나마 보탬이 되고자 하는 마음 때문이다.

수행평가 사례는 수행평가 기준안 만들기, 수행평가 운영하기, 수행평가 제언하기로 구성하였다. '수행평가 기준안 만들기'에는 문항설계, 수행과제, 채점기준, 평가기준을 제시하였다. '수행평가 운영하기'에는 실제 수행평가를 어떻게 진행했는가를 구체적으로 설명하고 수행평가를 운영하면서 느낀 점을 진술하였다. '수행평가 제언하기'에서는 운영하면서 이렇게 하면 어떨까 싶었던 점, 유의할 점, 개선하면 좋을 점에 대한 생각을 진술하였다. 평가방법이 중복되는 사례는 수행평가 기준안만을 제공하였다.

국어

교육과정에서 국어는 크게 듣기말하기, 읽기, 쓰기, 문법, 문학 5개 영역으로 구분하여 교육과정 성취기준을 제시하고 있다. 각 영역의 고유한 특성에 따라 평가방법도 다양해진다.

국어에서 듣기말하기 영역은 주로 실기평가, 구술평가, 역할놀이 평가방법을 사용하며, 쓰기 영역은 대부분 글쓰기, 문학 영역은 프로젝트, 포트폴리오 평가방법을 널리 활용하고 있다. 읽기, 문법 영역은 수행평가보다는 지필평가방법을 주로 활용하고 있어 여기에서는 다루지 않는다.

국어에서 토의와 토론은 서로 목적이 다르기 때문에 5학년 1학기에는 토의, 5학년 2학기에는 토론 방법을 구분하여 제시한다.

국어에서 쓰기 영역에서는 일기, 생활문, 제안하는 글, 편지글, 설명문, 주장하는 글, 견학기록문, 기행문, 보고서 등 여러 종류의 글쓰기 방법을 배우게 된다. 글쓰기를 위해서는 기본적으로 독자가 누구인지, 글을 쓰는 목적이 무엇인지를 명확하게 이해하고, 글의 특성에 따라 자료를 조사하고, 글을 구성하고, 표현하고, 고쳐 쓰는 과정을 거쳐야 한다. 이런 과정을 배우고, 실제로 써보게 하는 것이 국어 수업의 핵심이다.

글쓰기를 평가할 때 한 번의 글쓰기로 평가하기보다는 주제와 내용을 바꿔가면서 여러 번의 글쓰기를 통해 평가하기를 권장한다. 학생이 쓴 글을 교사가 함께 읽고 피드백하는 과정을 거치면 다음 평가에서 글의 수준이 향상됨을 체감할 수 있다. 물론 글쓰기 횟수를 많이 하면 할수록 좋지만 물리적으로 한계는 있다. 따라서 학생과 협의하여 횟수를 정해도 좋다.

평가가 학생에게 수준을 측정하는 데 그치지 않고, 배움의 과정이 되기 위해서는 교사의 적극적인 피드백이 있어야 한다. 이번 글쓰기 사례에서는 독서감상문, 설명문, 기행문 쓰기 사례를 제시하였다.

토론을 해요

문항설계

단원	5-2-6 타당한 근거를 들어 토론해요	평가방법	토론
성취기준	[6국01-03] 절차와 규칙을 지키고 근거를 제시하며 토론한다.		
평가내용	절차와 규칙을 지켜 능동적으로 토론하기		

　교육과정 성취기준에 따른 단원은 5학년 2학기 6단원 **타당한 근거를 들어 토론해요**이며, 평가내용은 **절차와 규칙을 지켜 능동적으로 토론하기**이며, 평가방법은 **토론**이다. 이때 핵심은 토론의 절차와 규칙을 지키고, 능동적으로 토론에 참여하는 것에 초점을 두어 평가하도록 설계하였다. 각 교과에서의 평가방법으로서의 토론과, 토론하는 방법을 배우는 토론은 중요시하는 부분이 서로 다르다. 따라서 국어과는 토론하는 방법과 능동적인 참여에 비중을 두어 설계하였다.

토론을 해요

어떤 문제에 대한 의견이 찬성과 반대로 나누어질 때에 토론을 하면 문제를 깊이 있게 이해하여 합리적인 해결 방법을 찾을 수 있습니다. 토론의 절차, 방법, 규칙에 유의하며 토론을 해봅시다.

• 과제1. 토론 주제 및 역할 정하기 (나의 역할:)
• 과제2. 토론 주제에 따른 주장 펼치기 쓰기 (개인)
• 과제3. 토론 참여하기 (개인)

　토론 평가를 위해서 첫째, 토론 주제를 선정해야 하고 모둠 내에서 토론을 하기 위해 역할을 부여해야 한다. 토론자의 역할은 사회자와 토론자(찬성/반대), 판정인으로 구성되고 최소인원은 6인이며 최대 9인까지 가능하도록 설계하였다.

　모둠 형태로 토론를 진행하면 사회자와 판정인은 주제에 대한 주장과 그를 뒷받침하기 위한 근거를 제시하는 활동에 참여하지 않게 된다. 그렇게 되면 토론에 대한 전체 과정을 평가하기 어렵다. 이를 보완하기 위해 역할과 상관없이 모든 학생이 '주장 펼치기'를 위한 자료를 준비하도록 하며, 이를 개인 평가에 반영하였다. 또한 역할을 바꿔가며 토론에 참여하도록 하였다.

마지막 최종 토론하기 단계에서는 자신이 맡은 역할에 따라 적극적으로 참여하는가를 평가할 수 있도록 구성하였다.

이번 수행과제에서 핵심은 학생 스스로가 주위에서 토론거리가 될 수 있는 주제를 선정하고, 모둠원이 역할을 나누며, 토론에 참여할 수 있도록 하는 것이었다. 토론자의 역할은 제비뽑기를 통해 결정하였으며, 한 번의 평가로 마무리 하지 않고, 여러 번의 토론을 경험할 수 있도록 계획하였다.

채점기준

평가요소	채점 척도		
	우수	보통	기초
주장에 따른 근거와 자료의 일관성/합리성 (5, 4, 3)	토론의 논제에 대하여 자신의 주장과 근거를 밝히고, 상대방의 의견을 반박할 수 있다.	토론의 논제에 대하여 자신의 입장을 제시할 수 있다	토론의 논제에 대하여 자신의 주장과 근거를 제시하는 데 어려움이 있다.
토론할 때 역할수행 (5, 3, 1)	토론에서 자신의 역할을 알고, 토론의 흐름에 따라 팀원과 협력하며 자신의 역할을 수행하였다.	토론에서 자신의 역할을 알고, 수행하였다.	토론에서 자신의 역할수행이 부족하였다.
토론 규칙과 절차 이해하기 (5, 4, 3)	토론의 규칙과 절차를 이해하고 각 절차에서 주의할 점을 알고 있다.	토론의 규칙과 절차를 이해하였다.	토론의 규칙과 절차를 이해하지 못하였다.
참여도/ 태도 (3, 2, 1)	상대방의 의견을 듣고, 메모하면서 참여하며, 서로를 배려하고 존중하는 마음으로 토론에 적극적으로 참여하였다.	상대방의 의견을 경청하고, 서로를 배려하고 존중하면서 토론에 참여하였다.	토론에 참여하였으나 적극성이 부족하다.

성취기준 분석을 통해 얻게 된 평가요소는 '토론하는 절차와 방법 알

기'와 '근거를 제시하며 토론에 참여하기'였다. 첫 번째 '토론의 절차와 방법 알기'를 위해 '토론 규칙과 절차 이해하기'라는 평가요소를 선정하였다. 두 번째, '근거를 제시하며 토론에 참여하기'를 위해 '주장에 따른 근거와 자료의 일관성과 합리성', '토론할 때 역할수행', '참여도/태도'라는 네 가지의 평가요소를 선정하였다.

평가요소 1. '주장에 따른 근거와 자료의 일관성 합리성'은 선정된 주제에 대해 모든 학생이 개인별로 작성한 '주장 펼치기' 자료를 평가하였다. 토의 논제에 대한 자신의 주장과 근거를 명확하게 입장을 제시하는 것을 확인하고자 선정하였다.

평가요소 2. '토론할 때 역할수행'은 토론에서 자신의 역할을 알고, 토론의 흐름에 따라 팀원과 협력하며 토론에 참여하는 것을 중점으로 확인하려고 했다.

평가요소 3. '토론 규칙과 절차 이해하기'는 토론을 실제로 진행할 때 토론하는 순서와 규칙을 이해하고 실제로 적용할 수 있는가를 확인하려고 했다. 교과서로 토론에서 발생할 수 있는 다양한 사례를 학습했지만, 실제 토론을 진행했을 때는 또 다르다는 것을 학생들이 체화할 수 있는가가 핵심이었다.

평가요소 4. '참여도/태도'는 학생들이 토론에 적극적으로 참여하는가를 확인하려고 했다. 좋은 토론이 되기 위해서는 주제에 대한 다양한 자료 조사를 바탕으로 상대방과 서로 주장하고, 질문하고, 답변하는 과정을 통해 다양한 관점을 배우는 데 목적이 있다. 이를 위해서는 학생들이 적극적으로 참여하는 것에 비중을 두고 평가할 필요가 있었다.

평가기준

우수	16점 이상		보통	15–13점		기초	12점 이하

　평가결과를 학생에게 제공하는 평가기준은 4개의 평가요소에 대한 채점 척도별로 표시하여 제공하였다. 해당평가 영역에 따른 학생의 수준을 제공했을 때 학생들이 자신의 현재 성취수준을 이해하는 데 도움이 되었고, 추후 피드백할 때에도 훨씬 좋았다.

　NEIS에 평가를 입력하기 위한 성취수준인 우수, 보통, 기초 척도는 점수표로 제시하였다. 채점 척도에서 성취기준과 밀접한 평가요소에 가중치를 두었으며, 점수는 단순히 비율에 따른 점수가 아니라 평가 영역에 따른 내용을 교사가 분석하여 점수를 제공하였다.

　모든 평가기준은 위와 거의 동일하여 중복되므로 추후 평가기준에 대한 설명은 이것으로 대체한다.

수행평가 운영하기

　수행평가를 시작하기 전에 모든 학생에게 수행평가 기준안(문항설계, 수행과제, 채점기준, 평가기준 포함)을 제공하여 평가의 목적, 방법, 기준에 대해 안내하였다. 학생들이 해야 할 수행평가에 대해 안내하고 질의응답 과정을 통해 보다 수행평가에 대한 이해도를 높일 수 있기 때문이다.

토론 모둠 편성은 제비뽑기로 결정하였다. 모둠이 결정되면 구성원이 협의하여 우리 주변에서 서로 토론할 만한 주제를 선정하도록 하였다. 토론에 적합한 주제의 특성을 반영하여 토론의 주제를 선정할 수 있는 것도 토론에서는 중요하다. 따라서 모둠별로 결정한 토론 주제를 교사에게 1차 확인 받은 후 최종 결정할 수 있도록 하였다.

토론 주제가 결정되면 모둠원들이 제비뽑기로 역할을 결정하였다. 결정된 역할에 따라 토론을 준비하는데 이때 사회자와 판정인은 주제와 대한 자신의 주장과 이를 뒷받침할 수 있는 근거자료를 찾지 않아도 되어 실제 토론 준비하기 과정에서 제외되는 경우가 있었다. 이를 보완하기 위해서 역할에 상관없이 토론 '주장 펼치기'를 작성하게 하였고 이를 평가하겠다고 안내하였다.

실제 토론 평가를 진행해보면 기다리는 학생들이 가만히 있지 못한다. 조용히 자신의 순서를 기다리며 토론을 준비하거나 다른 조의 토론하는 모습을 관찰하면 좋겠지만, 학생들이 교사의 바람대로 움직이는 경우는 드물다. 이를 해결하기 위해 기다리는 학생들에게 평가자 역할을 부여하였다. 평가자로서 역할을 수행하기 위해 사전에 토론 평가하는 방법과 관점을 친절하게 설명하고 공정한 평가를 위해 평가자가 갖추어야 할 역량도 사전에 안내하였다.

토론 순서는 제비뽑기를 통해 결정하였고, 1개 모둠이 토론을 할 때 나머지 2개 모둠은 평가자 역할을 하였다. 사전에 평가할 수 있도록 평가지를 모든 학생에게 배부하였다. 토론이 끝날 때마다 동료 학생이 평가할 수 있도록 하였다. 학생들은 늘 선생님이 평가자로서 공정하고, 근거에 따라 학생을 평가한다는 것을 알고 있었기 때문에 토론하는 학생들의 말과 행동 하나하나를 놓치지 않고 평가했다.

학생에게 동료 평가자로서 역할을 부여하면서 두 개의 장점을 발견하였다. 첫 번째는 토론하는 동안 조용히 하라는 말을 하지 않아도 됐다. 평가를 하려면 옆 사람과 이야기할 시간도, 딴 생각을 할 틈도 없기 때문이다. 두 번째는 토론의 평가기준을 명확하게 이해하였기 때문에 어떻게 하는 것이 좋은 토론이고, 내가 무엇을 해야 하는지 보다 명확하게 알게 된다. 특히, 토론하면서 상대방의 이야기를 메모하면서 듣고 반박하는 것은 학생들의 토론에서 쉽게 찾아볼 수 없는 장면인데, 이런 것이 토론에 중요하고 중요한 평가요소라는 것을 알게 되면서 보다 질 높은 토론이 이뤄졌다. 단 학생의 동료 평가 결과는 실제 평가에 반영하지 않았다. 평가결과의 신뢰성과 공정성에 문제가 생길 수 있기 때문이다. 실제 동료 평가지는 가정에 평가결과를 안내할 때 함께 제공하여 수행평가 과정에서 역할에 대한 충실도를 알 수 있도록 하였다.

수행평가 제언하기

토론의 주된 목적은 승자와 패자를 나누는 것이 아니다. 내가 가진 생각 외에도 하나의 주제에 대한 다양한 생각이 있음을 알려주는 것이 더욱 중요하다. 토론이 시작되기 전에 주제에 대한 자신의 생각을 표시하고, 토론을 마친 후에 생각을 가치수직선에 표시해 생각의 변화를 확인하게 하였다. 자신의 생각이 바뀌거나 더 견고해졌다면 그 이유가 무엇인지, 이 변화에 결정적인 역할을 한 토론과정이 무엇인지 나타나게 하는 추후 활동을 통해 배움을 보다 풍성하게 할 수 있었다.

수행평가지

• 토론 평가지(동료 평가) •

(우수:◎, 보통:○, 기초:△)

조	역 할	이 름	규칙의 이해	참여도 / 태도	의견의 합리성	총 평
1	사회자					
	판정인1					
	판정인2					
	찬성1					
	찬성2					
	찬성3					
	반대1					
	반대2					
	반대3					

• 토론 평가지(교사 평가) •

(우수:◎, 보통:○, 기초:△)

조	역 할	이 름	일관성 / 합리성	역할수행	규칙의 이해	참여도 / 태도
1	사회자					
	판정인1					
	판정인2					
	찬성1					
	찬성2					
	찬성3					
	반대1					
	반대2					
	반대3					

주장 펼치기

5학년 1반 (　)번 이 름:(　　), 역할(　)

• 토론 주제

주 제	

• 주장 펼치기

나의 주장:
근거:

예상되는 상대편의 반론이나 질문	예상되는 상대편의 반론이나 질문에 대한 반박

문항설계

단원	5-2-3 의견을 조정하여 토의해요	평가방법	토의
성취기준	[6국01-02] 의견을 제시하고 함께 조정하며 토의한다.		
평가내용	능동적으로 토의에 참여하기		

수행과제

토의로 문제를 해결해요

우리 주변에는 해결해야 할 다양한 문제가 있습니다. 이 문제들에 관한 토의를 통해 가장 좋은 해결 방안을 마련할 수 있습니다.

토론의 절차와 방법에 유의하며 일상생활에서 해결해야 할 문제를 찾아보고 토의를 통해 최고의 해결 방안을 마련해봅시다.

- 과제1. 문제 상황에 맞는 토의 주제 정하기 (모둠)
- 과제2. 토의 주제에 따른 자신의 의견 마련하기 (개인)
- 과제3. 토의에 참여하기 (개인)

채점기준

평가요소	채점 척도		
	우수	보통	기초
토의 주제의 적합성 (3, 2, 1)	공동의 문제 상황에서 여러 가지 해결 방안이 제시될 수 있는 적절한 토의 주제를 정하였다.	토의 주제가 공동의 문제가 아니거나 여러 가지 해결 방안이 나올 수 없는 토의 주제를 정하였다.	토의 주제를 적절히 정하지 못하였다.
토론할 때 역할수행 (5, 3, 1)	문제 상황과 관련 있는 해결 방안을 적절한 까닭과 함께 제시하였다.	토론에서 자신의 역할을 알고, 수행하였다.	문제 상황에 맞는 해결 방안을 제시하지 못하였다.
토의 규칙 이해하기 (5, 4, 3)	토의의 규칙을 이해하고 각 절차에서 주의할 점을 알고 있다.	토론의 규칙과 절차를 이해하였다.	토론의 규칙과 절차를 이해하지 못하였다.
참여도/ 태도 (5, 4, 3)	서로의 의견을 듣고, 메모하면서 최선의 해결 방안을 찾기 위해 노력하였으며, 서로를 배려하고 존중하는 마음으로 토의에 적극적으로 참여하였다.	해결 방법을 찾기 위해 서로를 배려하고 존중하면서 토의에 참여하였다.	토의에 참여도하였으나 적극성이 부족하다.

평가기준

우수	16점 이상	보통	15-13점	기초	12점 이하

수행평가지

토의를 통한 문제해결

5학년 1반 ( )번 이 름:(   ), 역할(   )

1. 문제 상황에 맞는 토의 주제 정하기

문제 상황	

▼

토의 주제	

2. 토의 주제에 따른 자신의 의견 마련하기

의견	

까닭	

• 토의 평가(동료/교사 평가) •

5학년 1반 (　)번 이 름:(　　　), 역할(　　)

(우수:◎, 보통:○, 기초:△)

조	이 름	주제에 따른 의견의 합리성	토의 규칙의 이해	참여도 / 태도	모둠 토론 총 평
1					

독서 감상문
쓰기

문항설계

난원	6-2-독서 책을 읽고 생각을 넓혀요	평가방법	포트폴리오
성취기준	[6국05-01] 문학은 가치 있는 내용을 언어로 표현하여 아름다움을 느끼게 하는 활동임을 이해하고 문학 활동을 한다.		
평가내용	문학작품을 읽고 독서감상문 쓰기		

　교육과정 성취기준인 문학은 가치 있는 내용을 언어로 표현하여 아름다움을 느끼게 하는 활동임을 이해하고 문학 활동을 한다.는 문학 영역으로 5-6학년군에 새로 도입된 독서 단원에 반영된 성취기준이다. 다양한 장르의 문학작품을 읽고, 문학작품의 심미적 아름다움을 느끼게 하기 위해서 독서감상문 쓰기를 평가내용으로 선정하였다.

　다양한 영역의 문학작품 중 한 작품만 읽고 독서감상문을 써서 평가하는 것보다는 한 학기 동안 읽었던 작품들을 평가하며 학생들의 문학 작품 읽기를 확인하고, 문학작품의 아름다움을 느낄 수 있게 하기 위해서 평가방법으로 포트폴리오 방법을 적용하였다.

수행과제

독서감상문 쓰기

독서감상문이란 책을 읽고 느낀 점을 쓴 글입니다. 우리는 책을 통해 새로운 지식을 얻거나 감동을 받지만, 시간이 지날수록 그 기억은 희미해집니다. 그래서 우리는 읽은 책의 내용을 잊지 않고 받은 감동을 오래 간직하기 위해 독서감상문을 씁니다. 한 학기 동안 우리 수준에 맞는 다양한 주제의 책을 읽은 후, 독서감상문을 써봅시다.

※ 독서감상문 양식은 미술시간에 만들 예정입니다.

독서감상문 확인

내 용	확 인					
	1차	2차	3차	4차	5차	6차
독서감상문 확인	9. 17.	10. 1.	10. 15.	10. 29.	11. 12.	11. 26.

독서감상문이 무엇인지를 정의하고, 독서감상문을 쓰는 이유와 목적을 명확하게 제시하였다. 또한 독서감상문의 형식과 작성법은 참고자료로 제시하였다. 독서감상문은 일회성 평가가 아니므로 수행과제를 학생들과 협의하였고, 그 결과 6차에 걸쳐서 평가를 하도록 구성하였다.

수행과제를 실행하기 위한 독서감상문 양식을 제작하여 제공하였다. 표지, 작성법, 독서감상문 양식을 미술시간에 활용하여 북아트로 제작하였다.

채점기준

평가요소	채점 척도		
	우수	보통	기초
책 읽기 (5, 4, 3)	학년 수준에 맞는 책을 선정하여 꾸준하게 독서를 실천함.	좋아하는 책을 선정하여 독서를 실천함.	책을 선정하고 독서를 실천하는 부분이 부족함.
내용과 주제 표현하기 (5, 4, 3)	작품의 등장인물과 내용이 관련성 있게 표현했으며, 작품의 주제가 구체적이고 명확하게 나타남.	작품의 등장인물과 내용을 연계하여 나타낼 수 있으며 작품의 주제가 드러나 있음.	작품의 등장인물과 내용이 나타나지 않으며 작품의 주제를 찾지 못함.
생각, 느낌 표현하기 (5, 4, 3)	작품에서 받은 감동과 그 이유를 구체적으로 설명할 수 있으며, 자신의 생각이나 느낌이 구체적으로 드러나 있음.	감동받은 부분을 표현할 수 있으며 자신의 생각이나 느낌이 드러나 있음.	감동받은 부분을 설명하지 못하며, 자신의 생각이나 느낌이 드러나지 않음.
글의 짜임 (3, 2, 1)	글의 짜임이 체계적이고, 자연스러워서 글의 내용을 쉽게 파악할 수 있음.	글의 짜임이 자연스러워서 내용을 파악할 수 있음.	글의 짜임이 부자연스럽고, 글의 내용을 파악하기 어려움.

교육과정 성취기준을 분석한 결과 평가요소로는 작품의 내용과 주제 표현, 작품을 읽은 후 생각, 느낌을 표현하기였다. 여기에 성취기준에

는 제시되어 있지 않지만 독서감상문을 읽기 위해서 필수적인 책 읽기과 독서감상문의 쓰기을 확인할 수 있는 글의 구성요소를 추가하였다.

평가요소 1. '책 읽기'는 학생들의 수준에 맞는 책을 선정하여 꾸준하게 독서를 실천하는 것을 목표로 하였다. 학생들이 독서를 숙제라는 과점에서 벗어나 본래 적합한 문학작품을 찾아 읽기 위한 장치로 마련하였다.

평가요소 2. '내용과 주제 표현하기'는 작품의 내용을 명확하게 이해하고, 작품에서 작가가 말하고자 하는 주제를 구체적이고 명확하게 찾아서 나타낼 수 있는가를 확인하고자 하였다.

평가요소 3. '생각, 느낌 표현하기'는 작품을 읽으며 떠오른 생각과 느낌의 이유를 설명하고, 구체적으로 표현할 수 있도록 구성하였다. 작품을 읽는 목적은 줄거리 요약이 아니라 작품을 통해 자신의 사고를 확장하고, 감동을 느꼈는지 확인하기 위해서 선정하였다. 이 영역을 통해 독서감상문이 줄거리 요약이 아니라 작품을 읽고 떠오른 생각, 느낌이 더 중요하다는 것을 강조하기 위해서였다.

평가요소 4.는 '글의 짜임'이다. 독서감상문도 한 편의 글이다. 좋은 글은 글의 짜임이 체계적이어서 읽는 이가 내용을 쉽게 파악할 수 있어야 한다. 또한 글의 처음 부분, 중간부분, 끝 부분에 맞춰 글쓰기를 확인하는 데 목적이 있다.

평가기준

| 우수 | 12점 이상 | | 보통 | 9–11점 | | 기초 | 8점 이하 |

수행평가 운영하기

2015개정교육과정에서 3-4학년군, 5-6학년군에 학기마다 독서단원이 도입되었다. 독서단원에서는 문학작품에 심미성과 독서하는 방법, 다양한 독후 활동을 강조하고 있다.

이번 수행평가를 학생하게 안내하기 전에 책을 읽는 목적과 책을 기억하기 위해서 어떤 활동이 필요한가에 대해 학생들과 토의하였다. 학생들은 독후감 쓰기를 이야기했고, 독후감 쓰기를 배운 적이 있는지를 확인해봤더니 특별하게 배운 기억은 없지만 초등학교에 입학하면서부터 다양한 독후 활동을 지금까지 해오고 있다고 했다. 그동안 독후감은 주로 독서를 장려하기 위한 입장에서 접근하였다. 이번에 수행평가는 통상적인 독후 활동이 아니라 독서감상문이라는 새로운 글쓰기 방법을 초등학교에서 처음으로 배우는 과정이다. 따라서 독서감상문의 의미와 글의 형식에 대해 학생들에게 안내해주고 싶었다. 학생들에게 "독서감상문은 책을 읽고 느낀 점을 쓴 글을 말한다"라고 안내하고 "독서감상문을 쓰는 목적은 책을 통해 새로운 지식을 얻거나 감동을 받지만, 시간이 지날수록 기억이 희미해지기 때문에 읽은 책의 내용을 잊지 않고 얻은 지식이나 받은 감동을 오래 간직하기 위해 쓰는 것"이라고 다시 한번 설명해주었다.

수행평가를 학생들에게 안내한 뒤, 독서감상문 쓰는 방법에 대해 수업을 진행하였다. 기존의 독후감과의 차이점과 독서감상문의 형식에 대해 다양한 사례를 제시하여 설명하였다. 수업을 마친 후 학생들에게 매주 쓰는 독후 활동을 독서감상문으로 대체하겠다고 했다. 대신에 학생들이 독서감상문을 몇 번 정도 쓸지와 검사기간의 간격을 얼마쯤으로 할지를 협의하였다. 우리 반 아이들은 주로 한 달에 두 번 정도 책을 읽고 감상문을 제출하기로 했다. 학기 단위로 봤을 때 약 6회 정도가 적절한 횟수라 협의하였다.

협의한 내용을 수행과제로 만들어 학생에게 제시하고 설명하였다. 학생들이 독서감상문과 관련하여 한 첫 번째 질문은 "만화책 읽어도 되나요?", "아무 책이나 읽어도 되죠?"였다. 그래서 채점기준 첫 번째에 학생의 수준에 맞는 책을 골라 읽었는가를 제시하였다. 그랬더니 더 이상 질문이 없었다. 다만 수준에 맞는 책은 어디에 있는지, 또 어떤 책인지를 묻는 등 질문의 수준이 달라졌다. 학교 도서관에 가면 권장도서가 있는데 아마도 그 책이면 적당하지 않을까 라고 답변을 대신하였다.

협의한 내용을 바탕으로 제작된 수행과제, 채점기준, 평가기준을 학생들에게 설명하고, 독서감상문을 쓸 양식지를 인쇄하여 1인당 15매 정도의 평가지를 제공하였고, 미술시간에 이 양식을 책으로 만들게 했고, 표지에는 학생들이 좋아하는 것을 그려 넣도록 하였다. 이 책이 한 학기 동안 독서감상문을 작성할 개인 평가지가 되었다.

처음 독서감상문을 검사받는 날에 교사 입장에서 하나하나 피드백하는 것은 쉽지 않았다. 일단 독서감상문의 제목, 글의 흐름과 문단구성에 집중하여 피드백을 제공하였다. 두 번째 검사 때에는 줄거리와 책을 읽고 느낀 점에 초점을 두어 피드백했다. 세 번째 검사 때는 앞의 두 요소를 포함하여 글의 마지막 부분인 자신의 결심과 깨달은 점, 계획이나 꿈에 대해 피드백을 집중하였다.

이렇게 6번의 평가를 통해 학생 대부분이 평가자가 요구하는 수준의

성취를 이루었다. 아쉽게도 힘들어하거나 쓰기 싫어 형식적으로 접근
하여 수준이 퇴보하는 경우도 간혹 있었다. 그럼에도 불구하고 대다수
의 학생이 일회성 평가를 할 때보다는 더 좋은 배움 결과를 이룰 수 있
었다.

학생들 입장에서는 수행평가 때문에 힘들어졌다고 생각하지 않았다.
왜냐하면 학생들 입장에서는 매주 써야 하던 독후감이 격주로 바뀐 것
뿐이기 때문이다. 매번 피드백하기 힘들지 않았냐는 말을 많이 들었지
만 오히려 피평가자인 학생의 독서감상문 쓰기 능력보다 평가자인 교
사의 독서감상문 지도능력이 더 향상되었다. 교학상장敎學相長이 이런
걸까 싶었다.

수행평가 제언하기

독서감상문 쓰기와 확인은 매주마다 하는 교사와 학생의 암묵적 교육
활동 중의 하나이다. 학생들이 해야 하는 활동을 교육과정 성취기준과
연계하여 운영하면 똑같은 활동임에도 불구하고 학생들은 평가라는 부
담보다는 일상적인 독후 활동이라고 생각하게 된다.

일회성 평가가 아니라 포트폴리오 형식의 누적 평가가 되고, 중복된
피드백을 거치면 학생의 배움을 향상시킬 수 있다. 학생들의 모든 활동
에 목적을 부여하고, 교과 교육과정과 연계하여 운영하면 예상보다도
좋은 결과가 나올 수 있다.

독서감상문 쓰는 방법

독서감상문이란?

독서감상문이란 책을 읽고 느낀 점을 쓴 글입니다. 책을 통해 새로운 지식을 얻거나 감동을 받지만, 시간이 지날수록 그 기억은 희미해집니다. 그래서 읽은 책의 내용을 잊지 않고 받은 감동을 오래 간직하기 위해 독서감상문을 씁니다. 책을 많이 읽고 독서감상문을 계속 쓰게 되면 생각을 조리 있게 정리하는 논리력, 생각과 느낌을 잘 나타낼 수 있는 표현력, 깊이 생각하고 관찰하는 사고력과 관찰력 등을 키울 수 있습니다.

독서감상문 쓰는 방법

가. 책 제목, 지은이 적기(예: 『자전거 도둑』, 박완서)

나. 단계별 글쓰기 내용

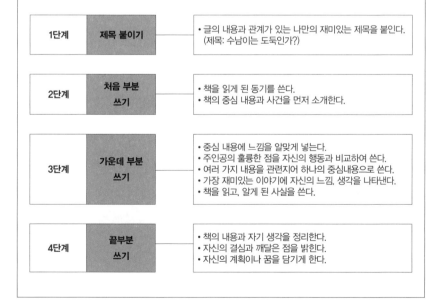

1단계	제목 붙이기	• 글의 내용과 관계가 있는 나만의 재미있는 제목을 붙인다. (제목: 수남이는 도둑인가?)
2단계	처음 부분 쓰기	• 책을 읽게 된 동기를 쓴다. • 책의 중심 내용과 사건을 먼저 소개한다.
3단계	가운데 부분 쓰기	• 중심 내용에 느낌을 알맞게 넣는다. • 주인공의 훌륭한 점을 자신의 행동과 비교하여 쓴다. • 여러 가지 내용을 관련지어 하나의 중심내용으로 쓴다. • 가장 재미있는 이야기에 자신의 느낌, 생각을 나타낸다. • 책을 읽고, 알게 된 사실을 쓴다.
4단계	끝부분 쓰기	• 책의 내용과 자기 생각을 정리한다. • 자신의 결심과 깨달은 점을 밝힌다. • 자신의 계획이나 꿈을 담기게 한다.

독서감상문 쓰기

5학년 1반 (   )번 이름(   ), 역할(   )

1. 책을 읽게 된 동기를 포함하여 쓰시오.

2. 글의 내용과 주제를 포함하여 쓰시오.

3. 생각과 느낌을 포함하여 쓰시오.

책 제목		지은이	

제목:

설명문 쓰기

문항설계

단원	5-1-3 글의 구조와 요약		평가방법	글쓰기
성취기준	[6국03-03] 목적이나 대상에 따라 알맞은 형식과 자료를 사용하여 설명하는 글을 쓴다.			
평가내용	알맞은 형식과 자료를 사용하여 설명하는 글쓰기			

　　교육과정 성취기준인 목적이나 대상에 따라 알맞은 형식과 자료를 사용하여 설명하는 글을 쓴다.를 분석하면 설명하는 목적과 대상에 적합한 형식을 알고, 자료를 조사하여, 설명문을 쓰는 것이다. 따라서 평가내용을 알맞은 형식과 자료를 사용하여 설명하는 글쓰기로 선정하였다. 평가방법은 글쓰기다.

수행과제

설명문 쓰기

설명문이란 어떤 지식이나 정보를 읽는 이에게 전달하고 이해시키기 위해 쉽게 풀어서 쓴 객관적인 글을 말합니다. 우리는 일상생활에서 다양한 설명문 형태((제품 사용설명서, 음식 조리법, 시설의 사용 안내문, 공연 안내)로 필요한 정보를 제공받고 있습니다.

친구에게 도움이 될 수 있는 대상을 찾아 글을 쓸 때 유의할 점을 지켜 설명하는 글을 써봅시다.

- 과제1. 설명할 대상 찾기, 설명 방법 및 내용 정하기 (20분)
- 과제2. 설명할 대상에 대한 자료 찾기 (20분)
- 과제3. 설명문 쓰기 (30분)

〈주의사항〉
  - 확실하지 않는 정보를 제공하지 않는다.
  - 추측되는 말이나 주장을 쓰지 않는다.
  - 읽는 이가 이해하기 쉬운 말을 사용한다.
  - 읽는 사람에게 잘 알려지지 않는 정보를 제공한다.

설명문이 무엇이지에 대해 정의하고, 설명문의 특성과 최종적으로 학생들이 제출해야 할 목적에 대해 진술하였다. 설명문을 쓰기 위해 과제를 3개 단계로 선정하였다.

과제1. '설명할 대상 찾기, 설명 방법 및 내용 정하기'를 먼저하고 교사에게 확인받도록 설계하였다. 설명해야 할 대상이 학생의 수준에 맞는지, 설명하는 방법의 오류가 있지는 않은지, 내용선정에 적합한지 등을 먼저 확인하기 위해 구성하였다.

과제2. '설명할 대상에 대한 자료 찾기'는 설명할 대상을 컴퓨터실, 도서관에서 자료를 직접 찾아서 설명문의 쓸 자료를 찾도록 구성하였다. 설명문은 본인이 아는 것으로 쓰게 되면 좋은 정보를 제공하기 어렵기 때문에 스스로 정보를 찾도록 구성하였다.

과제3. '설명문 쓰기'는 제공된 양식에 따라 글을 쓰도록 하였다. 설명문을 쓸 때 유의점과 포함해야 할 내용은 수행과제에 제시하지 않고 채점기준에 제공하여 설명하였다.

채점기준

평가요소	채점 척도		
	우수	보통	기초
설명주제(대상) 선정하기 (2 ,1)	친구에게 유익한 설명 대상을 선정함.	친구에게 유익한 설명 대상을 선정하지 못함.	
설명 방법 및 내용 구성 (3, 2, 1)	설명할 대상의 특징에 적합한 설명 방법과 내용을 체계적으로 구성함.	설명할 대상의 특징에 적합한 설명 방법과 내용을 구성함.	설명할 대상의 특징에 적합한 설명 방법과 내용 구성이 서툼.
설명 대상의 특징 나타내기 (5, 3, 1)	대상의 특징을 잘 드러냈으며, 설명하는 글을 쓸 때 주의할 점을 지켜 내용이 구체적이고, 조직화된 글을 씀.	대상의 특징이 잘 드러났으며, 설명하는 글을 쓸 때 주의할 점을 지켜 글을 씀.	대상의 특징이 잘 드러나지 않음.
설명문의 구성 (5, 3, 1)	글의 내용 전개가 체계적이어서 설명하는 내용을 쉽게 파악할 수 있음.	글의 구성과 흐름이 무난하여, 설명하는 내용을 파악할 수 있음.	글의 전개에 질서가 없어 내용을 이해하기 어려움.

채점기준의 평가요소를 '설명주제(대상) 선정하기', '설명 방법 및 내용 구성', '설명 대상의 특징 나타내기', '설명문의 구성'으로 정하였다.

평가요소 1. '설명주제(대상) 선정하기'는 친구들에게 유익한 설명 대상을 선정하였는가에 중점을 두었고 채점 척도를 2개로 구성하였다. 간혹 자신이 좋아하지만 친구들에게 도움이 되지 않거나, 비교육적인 내용을 설명하는 경우가 있어 이를 사전에 방지하는 역할도 하고 있다.

평가요소 2. '설명 방법 및 내용 구성'은 과제 1단계에서 평가하고, 설명할 대상의 특징에 적합한 설명 방법과 내용을 체계적으로 구성했는지 여부를 확인하려고 하였다.

평가요소 3. '설명 대상의 특징 나타내기'는 작성한 설명문이 대상의 특징을 잘 드러낼 수 있는 설명 방법을 사용하였는지, 또 내용이 구체적이고 조직화되었는지를 확인하고자 하였다.

평가요소 4. '설명문의 구성'은 대부분의 글쓰기에서 평가하는 방법으로 글의 짜임이 체계적이어서 읽는 이로 하여금 설명하는 내용을 쉽게 파악할 수 있는지에 중점을 두어 확인하였다.

성취기준과 관련성이 큰 '설명 대상의 특징 나타내기', '설명문의 구성'에 가중치를 두어 채점 척도의 점수를 반영하였다.

평가기준

우수	13점 이상	보통	9–12점	기초	8점 이하

설명할 대상 및 방법 정하기

5학년 1반 ( )번 이 름:(   ), 역할(   )

• 설명할 대상 정하기

• 설명하는 방법 및 내용 정하기

• 자료 찾기

설명문 쓰기

5학년 1반 (　)번 이 름(　　) 역할(　)

제목:

수행평가 운영하기

　학생들은 사전에 설명문 쓰는 방법을 수업 시간에 배웠고, 또한 실제 글쓰기를 통해 교사에게 피드백을 받고 고쳐 쓰기를 통해 설명문을 써 봤다. 즉 설명문 쓰는 방법을 수업 시간에 배우게 된 것이다.

　수업 마지막 차시에 학생들에게 '친구들이 알면 도움이 되는 것에 대해 설명하는 글을 쓰라'고 수행과제를 제시하였다. 또한 채점기준과 평가기준을 친절하게 안내하였다. 이때 학생들의 동물, 사물, 제도 등 주로 자신이 좋아하는 것을 설명문의 주제로 써도 되는가를 질문했다. 어떤 주제도 괜찮지만 교육적이고 친구에게 도움이 되는 것이어야 한다고 했더니 한숨 쉬는 친구가 있었다. 물어보니 "온라인 게임을 주제로 설명하는 글을 쓰면 안 되는 거죠?"라는 거였다. 스스로 어떻게 생각하는지 되물어보니 안 될 거 같다고 이야기했고, 모든 학생이 주제의 범주에 쉽게 동의할 수 있었다.

　설명문을 쓰기 위해서는 자료 조사가 가장 중요하다. 따라서 학교 컴퓨터실로 이동하여 수행평가를 진행하였다. 먼저 학생들에게 평가지 1을 제공하고 설명 대상과 설명 방법을 결정한 후 평가자의 확인을 받고 나서 자료를 조사하도록 하였다. 설명 대상과 방법에서 잘못된 선택을 하게 되면 시작부터 잘못되어 제대로 된 설명문을 쓸 수 없기 때문이다.첫 번째 단계를 마치고 나면 자료를 조사할 시간을 주고 자료 조사를 마친 학생은 컴퓨터를 끄고 기다리도록 하는, 일종의 과정평가인 것이다.

　자료 조사를 마치면 교실로 이동하여 평가지 2번 설명문 쓰기 양식을 제공하였다. 다시 한번 채점기준을 보며 설명문 쓰는 방법을 설명했다. 이 글을 읽는 대상은 친구이기 때문에 내용이 수준에 맞아야 되고, 대상에 따른 효과적인 설명 방법을 강조했다. 학생들은 채점 척도를 보며 꼭 들어가야 할 내용을 썼기 때문에 작성에 큰 어려움은 느끼지 않았다. 물론 개인의 차이는 있었다. 두 개의 평가지를 채점기준에 따라 평가하고 학생에게 피드백을 해주었다. 공통적인 피드백 내용으로 자료를 찾을 때 자신이 이해하지 못하는 부분을 쓰는 경우에 대해 이야기했고, 실제로 큰 도움이 되지 않는 평이한 내용만 쓴 경우도 있었다고 했다.

개개의 평가지에 각자에 맞는 피드백을 제공하였다. 이렇게 평가를 하고 나니 앞에 있던 독서감상문 쓰기처럼 포트폴리오로 작성했다면 더 좋았을 텐데 싶은 아쉬움이 남았다.

수행평가 제언하기

글쓰기는 한 번엔 완성되는 것이 아니다. 훌륭한 작가도 여러 번 고쳐 쓰는 과정이 반드시 필요하다고 하는데, 배우는 입장의 학생들을 몇 번의 글로 평가해야 하는 것이 아쉬웠다. 쓰기의 성취기준을 보면 '계획을 수립하여 다양한 글쓰기를 할 수 있다'는 성취기준과 연계하여 다양한 쓰기 활동을 진행하면 어떨까 한다. 또한 한 번의 글쓰기보다는 교사의 피드백을 통한 여러 번 고쳐 쓰는 과정이 학생의 배움에 더 크게 도움되리라 생각한다.

문항설계

단원	5-1-7 기행문을 써요	평가방법	글쓰기
성취기준	[6국03-05] 체험한 일에 대한 감상이 드러나게 글을 쓴다.		
평가내용	체험한 일을 바탕으로 감상문 쓰기		

    교육과정 성취기준인 **체험한 일에 대한 감상이 드러나게 글을 쓴다.**는 실제 체험한 일에 자신의 감상이 드러나도록 하는 글쓰기이다. 2009개 정교육과정에서 **견문과 감상이 드러나게 한편의 글을 쓴다.**보다 확장된 개념이다. 체험한 일은 단순히 견학이나 여행뿐만 아니라 다양한 교육 활동도 포함될 수 있기 때문이다. 일종의 생활문도 해당될 수 있다.

    체험한 느낌을 담을 수 있는 다양한 글의 형식이 있지만, 공통의 체험에서 개개인의 다양한 관점을 나눌 수 있도록 평가내용을 현장체험학습 다녀온 후 감상문 쓰기로 선정하였다. 평가방법은 글쓰기다.

수행과제

역사의 현장을 찾아서

기행문은 여행을 하면서 견문(보고, 듣고)과 감상(느낀 점)을 시간 순서나 여정에 따라 기록한 글입니다. 기행문에 일정한 형식이 있는 것은 아닙니다. 여행의 동기와 목적, 여행 순서에 따른 견문과 감상을 중심으로 기록하면 됩니다. 자신이 여행을 하면서 느낀 점을 솔직하게 쓰면 좋은 기행문이 됩니다. 이번에 다녀온 현장체험학습을 기행문으로 작성해봅시다.

〈주의사항〉
- 글의 짜임에 맞게 작성할 것
- 견문과 감상이 드러나게 쓸 것
- 읽는 사람이 쉽게 여행한 내용을 파악할 수 있도록 할 것

현장체험학습을 다녀온 후의 보고, 듣고, 느낀 점을 표현하는 기행문 쓰기를 수행과제로 선정하였다. 기행문을 쓰는 목적과 방법에 대해 진술하였다.

기행문에 꼭 포함되어야 할 조건을 미리 알려 평가의 기준을 제시하였다. 모든 글의 기본구성인 글의 짜임과 기행문의 특성이 드러나도록 견문과 감상을 포함할 것, 모든 글의 목적인 읽는 사람이 내용을 쉽게 이해할 수 있는지를 중점으로 쓰도록 하였다.

수행과제에 글을 쓸 때 유의사항이나 포함해야 할 내용을 제시하는 이유는 학생들이 글을 쓰는 기준을 제시해주기 위함이다. 또한 '조건'은 추후 채점기준에 연계되어 있으며, 채점기준을 안내할 때 명확하게 기준을 안내해주어야 한다.

채점기준

평가요소	채점 척도		
	우수	보통	기초
여행 동기 및 목적 (3, 2 ,1)	여행한 동기와 목적을 구체적이고, 명확하게 제시함.	여행한 동기와 목적을 제시함.	여행한 동기와 목적을 제시하지 못함.
견문과 감상 표현 (5, 4, 3)	여행을 통하여 보고, 듣고, 느낀 점을 생생하고, 구체적으로 표현하여 읽는 이에게 도움이 될 수 있는 정보를 제공함.	여행을 통해 보고, 듣고, 느낀 점을 표현하여 읽는 이에게 정보를 제공함.	여행을 통해 보고, 듣고, 느낀 점을 표현하는 것이 부족함.
글의 짜임 (3, 2, 1)	글의 짜임이 체계적이고, 자연스러워서 글의 내용을 쉽게 파악할 수 있음.	글의 짜임이 자연스러워서 내용을 파악할 수 있음.	글의 짜임이 부자연스럽고, 글의 내용을 파악하기 어려움.

채점기준의 평가요소로 '여행 동기 및 목적', '견문과 감상 표현', '글의 짜임'으로 구성하였다. 더불어 자기 평가용으로도 사용할 수 있다.

평가요소 1. '여행 동기 및 목적'은 기행문에서 첫 부분을 해당되며, 기행문을 이해하는 데 가장 중요한 부분이다. 여행한 동기와 목적을 구체적이고, 명확하게 제시하였는가를 확인하려고 한다.

평가요소 2. '견문과 감상 표현'은 여행을 통하여 보고, 듣고, 느낀 점을 생생하고, 구체적으로 표현하여 읽는 이에게 도움이 될 수 있는 정보를 제공하고 있는가를 확인하기 위해서 선정하였다. 이 평가요소는 여행에 필요한 정보를 얻는 독자에게 도움을 주기 위해 꼭 필요한 내용이다. 보통 기행문은 사진이나 그림 자료를 함께 제시하여 설명을 도우나 학교에서 사진 자료를 넣기엔 한계가 있어서 배제하였다.

평가요소 3. '글의 짜임'은 글쓰기의 공통적인 내용으로 글의 짜임이 체계적이고, 자연스러워서 글의 내용을 쉽게 파악할 수 있는가를 확인하려고 했다.

평가기준

우수	10점 이상		보통	7~9점		기초	6점 이하

기행문 개요 쓰기

1. 여행의 주요 내용 쓰기   ( )번 이름( )

여행지	
여행날짜	
여행목적	

2. 장소에 따른 견문과 감상 쓰기

장소	견문	감상

3. 전체적인 감상과 앞으로의 계획

전체적인 감상	
앞으로 계획	

수행평가지

역사의 현장을 찾아서(기행문 쓰기)

5학년 1반 (   )번 이 름(   ), 역할(   )

1. 여행의 이유와 목적이 잘 드러나게 쓰시오.
2. 견문과 감상의 내용이 자세하게 드러나게 쓰시오.
3. 읽는 이가 쉽게 내용을 이해할 수 있도록 글의 짜임을 자연스럽게 나타내시오.

제목:

수행평가 운영하기

이번 수행평가는 학생들이 체험한 일에 대한 감상문 쓰기로 일반적으로 견학기록문, 기행문을 주로 배우는 성취기준이다. 여행이 일상화되어 있는 요즘에 학생들은 다양한 여행 경험을 글로 쓰기보다는 사진으로 남기는 것에 익숙하다.

수업 중에 사진으로 여행을 기록하는 것과 글로 기록하는 것, 두 방식을 합한 것 중에서 어떤 것이 가장 여행을 잘 표현할 수 있을지 학생들에게 질문을 했다. 학생들은 당연히 사진과 글을 함께 남긴 방식이 좋을 것이라 이야기했다. 이런 글을 어디에서 많이 보았냐고 질문했더니 인터넷 블로그에 여행 후기가 대개 그렇다고 했다. 다른 사람의 여행 포스트를 봤다는 친구에게 왜 봤냐고 물어보니 가족여행에 대한 정보를 얻기 위해서였다는 대답이 대부분이었다. 이를 통해 우리는 기행문을 쓰는 목적을 공유하고 합의할 수 있었다. 또한 기행문의 특성, 형식, 글의 짜임에 대해 함께 공부하기도 했다.

신규일 때 기행문 수행평가와 관련하여 부정적인 경험이 있었다. 학생들에게 수행과제로 자신이 다녀온 곳 중에서 인상 깊었던 곳, 친구에게 소개해주고 싶은 곳을 기행문으로 써보라 제시했다. 2000년대 초반만 하더라도 여행이 그리 일상화되지 않았었고, 가정형편에 따라 여행의 규모와 형식에도 차이가 있어서 학생들을 의기소침하게 했었다. 그 후로 다시는 이런 수행과제를 제시하지 않았다.

이런 경험이 있어서 늘 5학년 2학기가 되면 교육과정을 재구성할 때 학년의 현장체험학습과 연계하여 기행문 쓰기 수행평가를 계획했다. 5

학년 2학기의 대부분은 현장체험학습으로 역사적인 장소를 다녀온다. 주로 국어, 사회, 미술로 교육과정을 재구성하여 역사적인 장소를 다녀온 경험을 기행문 쓰기와 장소를 알리는 홍보포스터 그리기 등 다양한 형태로 재구성하여 운영하였다.

미리 견학기록문과 기행문 쓰는 방법을 배우고, 현장체험학습을 가기 직전에 수행과제, 채점기준, 평가기준을 설명했으며, 현장체험학습을 갈 때 꼭 메모해야 할 사항을 사전에 학습시켰다. 현장체험학습을 가는 명확한 목적을 하나 더 추가한 것이다.

현장체험학습을 가서 맹목적으로 메모하기보다는 가장 인상적인 것, 느낌, 여행 경로, 읽는 이에게 꼭 필요한 정보 등을 고민하면서 현장체험학습에 참여하니 학생들도 조금은 더 진지하게 참여할 수 있었던 것 같다.

현장체험학습을 다녀온 다음날 평가지1에 기행문 개요쓰기를 하고, 이를 바탕으로 평가지2의 형식에 맞춰 기행문을 본격적으로 작성했다. 기행문을 작성하기 전에 기행문 쓰는 방법과 채점기준을 다시 한번 상기시켰다. 그랬더니 기행문을 쓰는 동안 질문이 없어 운영하기에도 수월했다.

그런데 평가를 하기 전에 사진에 대한 질문이 있었다. 사진을 기행문에 붙여도 되는지 하는 질문이었다. 미리 이야기하지 못한 운영상의 잘못이었다. 먼저 사전에 협의하지 못해 미안하다고 양해를 구했다. 그리고 협의를 통해 이번 쓰기에는 넣지 않기로 의견을 모았다.

기행문 쓰기가 끝난 후 쓴 내용을 학교 홈페이지 게시판에 올렸고, 학생들에게 동료 평가를 해보라고 했다. 애초 계획에는 없었지만 친구들의 다양한 글쓰기를 경험해볼 수 있을 것 같아 즉흥적으로 결정했다.

평가 후에 학생들과 피드백하는 과정을 통해 실제 기행문을 쓰며 어려웠던 점을 이야기하고, 읽었을 때 가장 좋은 정보를 제공한 기행문은 어떤 특성을 가지고 있는지 함께 이야기하면서 마무리하였다.

끝나고 나서 보니 현장체험학습 기행문 공모전을 열어 글쓰기 동기도 부여할 수 있지 않았을까 하는 생각이 들었다. 또한 매체를 통해 의사 표현하기 국어과 활동과 연계해도 좋을 것 같았다.

교사가 학년의 교육과정을 꿰고 있다면 더욱 풍성하면서도 의미 있는 교육활동이 될 텐데 하는 생각이 들었다.

수행평가 제언하기

기행문은 사전에 학교에서 현장체험학습과 연계하여 계획하고 운영하는 것이 효과적이다. 현장체험학습을 다녀온 느낌을 교육적 의미로 나타내고 이야기 나눴던 경험이 많은데 기행문과 연계하니 더 깊이 있는 교육후기를 들을 수 있었다. 또한 사전에 기행문 쓰기에 대한 충분한 안내가 필요했는데, 사진 활용과 친구들이 쓴 글은 공유하는 방법 등에 관한 고민이 부족했다. 이 부분도 보완할 수 있겠다.

2015개정교육과정의 '체험한 일에 대한 감상문 쓰기'는 견학기록문, 기행문을 넘어서 자신의 경험한 일을 모두 표현할 수 있으므로 학교나 가정에서 경험한 다양한 체험활동을 여러 형식으로 다룰 수 있다. 이처럼 글쓰기 주제와 형식을 확장해야 한다.

사회/도덕

사회과의 성취기준 특성은 내용과 기능이 결합되어 진술되어 있다. 교육과정에 제시된 기능은 크게 가시적인 결과물을 확인할 수 있는 조사하기, 분석하기, 토론하기, 비평하기, 의사결정하기, 구분하기, 수집하기, 기록하기, 비교하기, 활용하기 등이 있고, 비가시적인 참여하기, 존중하기, 공감하기 등이 있다. 가시적인 기능형태는 주로 보고서, 프로젝트, 글쓰기등의 평가방법을 많이 활용하고, 비가시적인 기능은 프로젝트와 자기보고법 등의 평가방법을 활용하고 있다.

도덕은 기본적인 가치, 덕목과 규범을 이해하고 도덕적 기능과 실천능력의 확인을 위해 프로젝트와 자기보고법 등으로 평가하고 다양한 관점에서 학생의 실천을 확인하기 위해 도구를 개발하였다.

프로젝트와 보고서 형태의 수행평가는 주로 모둠 평가로 진행되기에 무임승차를 막을 대책을 고민해봐야 한다. 이를 위해 모둠 평가와 개인 평가를 융합한 평가도구를 개발하고 운영하여, 평가의 본래 목적인 학생 개개인의 성취기준 도달 여부를 확인하도록 해야 한다.

특히 사회, 도덕의 교육과정 성취기준에서 '실제 생활에서 참여하고, 실천하기', '태도 기르기와 공감하기' 등의 평가는 실제 학생들의 활동을 관찰하여 평가해야 하는데, 학교가 아닌 가정이나 야외 등의 공간에서 과제를 수행하는 경우가 많다. 이처럼 교사가 직접 학생의 모습을 확인하기 어려운 경우에는 자기보고법을 활용한다. 다만 자기 평가 결과의 신뢰성에 문제가 생길 수 있기 때문에 평가의 결과보다는 지속적인 실천과 성찰을 통한 내면화에 중점을 두어서 평가하는 게 좋다.

선사
홈쇼핑

문항설계

단원	1.우리 역사의 시작과 발전(역사)	평가방법	조사보고서
성취기준	대표적인 유물과 유적을 통해 선사시대 사람들의 생활 모습을 설명할 수 있다.		
평가내용	유물과 유적을 통해 선사시대 사람들의 생활 모습을 설명하기		

　성취기준인 **대표적인 유물과 유적을 통해 선사시대 사람들의 생활 모습을 설명할 수 있다.**는 2009개정교육과정의 5학년 2학기 성취기준이다. 성취기준을 분석해보면 선사시대의 유물과 유적을 통해 당시 생활 모습을 추론하고 설명하는 것이다. 따라서 평가내용을 **유물과 유적을 통해 선사시대 사람들의 생활 모습 설명하기**로 정하였다. 평가방법은 **조사보고서**이다.

수행과제

선사 홈쇼핑

사람들은 생활을 편리하게 살아가기 위해서 스스로 도구를 발명하고, 개선하였습니다. 이에 따라 도구는 지속적으로 발전하였습니다. 이번 국립중앙박물관 견학을 통해 사회시간에 배웠던 선사시대에 다양한 유물(도구)들을 살펴보고, 보다 편리하게 사용하기위해 개선시킬 부분들을 찾아봅시다.

이를 바탕으로 실제 찰흙으로 도구를 만들거나 그림으로 그려서 개선된 도구들을 제작합니다. 당시 선사시대 사람들에게 개선된 도구를 판매하는 판매자가 되어 도구를 소개해보세요.

〈주의사항〉
- 선사시대 도구 중 한 가지를 선택하여 실제 활용되는 사례를 제시할 것
- 편리하게 활용하기 위해 개선되었으면 하는 부분을 당시 생활 모습과 관련하여 제시할 것
- 실제 제작하거나 그림으로 아이디어를 나타낼 것
- 친구들에게 소개할 내용을 작성하여 제출할 것

선사시대 유물을 사진 자료나 동영상보다는 직접 눈으로 보고, 손으로 만지는 경험을 위주로 현장체험학습 후 수행평가를 운영할 수 있도록 과제를 제작하였다.

도구의 발명과 발전의 이유를 제시하고, 직접 선사시대인이 되어 도구를 개발해 홈쇼핑 호스트처럼 도구를 직접 판매해보는 과제를 만들었다. 찰흙을 이용하여 실체 크기의 도구 모형을 만들거나, 어려울 경우 그림으로 제시하도록 안내하였다.

선사시대 유물 중에서 한 가지를 선택하여 유물을 실제로 어떻게 활용하고, 이 도구 사용의 편리성을 위해 개선해야 할 부분을 찾아 개선한 뒤, 친구들에게 설명하도록 하였다. 이 과제는 학생들이 당시 도구가 어떻게 활용되었는지를 확인할 수 있어 성취기준의 도달정도를 살피기 적합했다. 또한 홈쇼핑이라는 형식을 차용하여 학생들의 흥미를 끌 수 있기도 하였다.

채점기준

평가요소	채점 척도		
	우수	보통	기초
유물과 생활 모습 관련짓기 (5, 3, 1)	유물과 선사시대 사람들의 생활 모습을 관련시켜 구체적으로 설명할 수 있음.	유물을 통해 선사시대 사람들의 생활 모습을 설명할 수 있음.	선사시대 유물은 제시할 수 있으나 생활 모습과 관련이 부족함.
유물(도구) 개선하기 (5, 3, 1)	유물(도구)을 사용했을 때 문제점을 합리적으로 찾고, 이를 개선하기 위한 아이디어가 구체적이고 활용이 가능하도록 구상 및 제작함.	유물(도구)를 사용했을 때 문제점을 찾고, 개선할 사항을 구상 및 제작함.	유물(도구)이 실제 생활에 사용했을 때 개선할 사항을 찾았으나 실용성이 떨어짐.
설명하기 (3, 2, 1)	제작한 도구와 관련된 아이디어를 실제 선사시대 사람들의 생활 모습과 연계하여 구체적으로 소개를 잘함.	제작한 도구와 관련된 아이디어를 친구들에게 소개를 함.	제작한 도구와 아이디어가 부족하여 친구들에게 소개하기를 힘들어 함.

채점기준의 평가요소를 '유물과 생활 모습 관련짓기',' 유물(도구) 개선하기', '설명하기'로 구성하였다.

평가요소 1. '유물과 생활 모습 관련짓기'는 이번 성취기준의 핵심 평가요소이다. 유물과 선사시대 사람들의 생활 모습을 관련시켜 구체적으로 설명할 수 있는가를 확인하고자 했다.

평가요소 2. '유물 개선하기'는 유물이 어떻게 활용되었는지에 관해 피상적인 이해를 넘어 실제로 활용해보도록 유도하여 그 이해도를 높이기 위해서 구성하였다. 선사시대의 유물(도구)을 사용했을 때 문제점을 합리적으로 찾고, 이를 개선하기 위한 아이디어가 구체적이고 활용이 가능하도록 구상하거나 만든 정도를 확인하였다.

평가요소 3. '설명하기'는 성취기준과는 관련 없으나, 실제로 이해한 정도를 표현하는 것은 앎을 확인하는 가장 중요한 방법이므로 평가요소에 반영하였다. 실제 제작한 도구와 관련된 아이디어를 실제 선사시대 사람들의 생활 모습과 연계하여 구체적으로 소개하여 듣는 이가 쉽게 상황을 이해할 수 있는가를 확인하였다.

평가기준

우수	11점 이상		보통	8-10점		기초	7점 이하

선사 홈쇼핑 설명서

5학년 1반 (   )번 이 름(   ), 역할(   )

1. 유물(도구) 선택하기

유물 이름/그림	도구를 활용한 당시의 생활 모습

2. 도구의 문제점

3. 개선할 내용

4. 새로 만든 도구 설명서

5. 새로 만든 도구 그림 모형(찰흙 제작자는 제외)

– 개선된 부분을 표시하여 나타낼 것

– 실제 크기에 맞게 길이를 cm로 나타낼 것

수행평가 운영하기

이번 수행평가의 교육과정 성취기준은 대표적인 유물과 유적을 통해 선사시대 사람들의 생활 모습을 설명할 수 있다.이다.

수업시간에는 그림과 동영상 자료를 통해 선사시대의 유물을 활용하는 모습에 대해 학생들과 이야기를 나눈 후 평가를 실시했다. 과거에는 이 성취기준을 수행평가가 아니라 서술형, 논술형 평가로 봤다. 예를 들어 유물을 보여주고 이름을 쓰고 어떻게 사용했는가를 물었다. 조금 더 발전해 당시 사람이 되어 유물을 활용하는 가상일기 쓰기로 추체험하는 평가도 했다. 수행평가로는 조사보고서를 작성했다. 인터넷, 책 등으로 자료를 찾고 활용하며 표현하여 친구들 앞에서 설명하는 수행평가를 운영한 적도 있다. 그런데 이 모두가 너무 형식적이라는 생각이 들어 고민이었다.

고민을 안고서 TV를 보던 중에 우연히 홈쇼핑 채널이 지나갔다. 홈쇼핑을 봤더니 예전에 사용했던 제품의 문제점을 실제로 사용하면서 보여주는 것이었다. 동시에 신제품을 보여주면서 이 문제점들을 보완해서 사용하기 편리하다는 것을 설명했다. 잘 사용하지 않은 제품이었지만 그 제품의 문제점과 보완점은 오래도록 머릿속에 남았다. 그러다가 선사시대 유물과 유적이 떠올랐다. 이 수행평가도 홈쇼핑처럼 구성하면 어떨까 하는 생각부터 다양한 아이디어가 샘솟았다.

아이디어를 구체화하여 우리 반 학생들에게 제언했고, 이미 학생들도 홈쇼핑 쇼 호스트들의 모습에 익숙해서인지 쉽게 동의하였고 진행하게 되었다. 수행평가 과제를 학생들에게 제언하기하고 동의를 받은 이유가 있다. 단원개관을 할 때에 수행평가를 안내했을 때에는 이런 형태가 아니었기 때문이다. 평가방법과 내용에는 변화가 없고, 형식에만 변화가 있었기 때문에 특별히 평가계획서를 수정할 필요도 없었다.

그런데 문제가 생겼다. 우리 아이들은 선사시대 유물의 실물을 본 적이 없었다. 그림이나 사진 자료, 동영상으로만 봤기 때문에 크기와 활용법이 와 닿지 않았다. 이미 박물관에 다녀온 학생들도 있었지만 그렇지 않은 학생들도 있어서 고민스러웠다. 때마침 현장체험학습을 국립중앙박물관으로 가기로 하여 박물관을 다녀온 뒤에 수행평가를 진행하자고 이야기할 수 있었다. 시기상으로 평가를 뒤로 미루게 되어 부담이 없지는 않았다.

현장체험학습을 가기 전에 수행평가 기준안을 설명하고, 평가지를 각 학생에게 나누어주었다. 선사시대 유물 중에서 사용법을 확인하고, 도구를 약간만 개선하면 더 좋은 도구가 될 수 있다는 것을 쇼 호스트가 되어 설명하는 것이었다. 이를 해결하려면 현재 도구의 활용방법과 사용상의 불편한 점을 찾아야 했고, 개선한 점을 그림이나 찰흙으로 직접 만들어 친구들에게 도구를 판매하도록 하였다.

이번 평가방식에 학생들의 만족도는 호불호가 갈렸다. 도구 만들기가 어려웠다거나 도구는 쉬웠는데 쇼 호스트처럼 판매하려니 어색했다는 피드백도 있던 반면, 이 도구가 무엇이고 어떻게 사용하는지를 확실하게 알았고, 내가 당시 사람이 된다면 어떤 부분을 개선해 판매하겠다는 의욕을 보인 학생들도 있었다.

교사 스스로 자체평가하면 평가도 즐거울 수 있다. 교사가 새로운 수업 아이디어를 반영해 수업했을 때 아이들의 반응을 보고 기쁨을 느끼듯이, 평가도 교사가 어떻게 구성했느냐에 따라서도 기쁨을 느낄 수 있겠구나 싶었다.

수행평가 제언하기

　수행평가의 형식이나 시기를 바꾸는 것을 두려워하지 않았으면 한다. 수업은 계획에 따라 이루어지기도 하지만 갑작스런 상황의 변화나 의외의 사건으로 더 좋은 수업을 구상하게 되기도 하듯, 평가 또한 최초 계획보다 더 좋은 방법이 있다면 바꾸기를 두려워할 필요가 없다.

　교사의 평가권은 교권 중의 하나이다. 교사가 학생과 소통하면서 새로운 평가방법을 결정하고 운영하는 것도 평가권 하의 재량이다. 만일 시기나 형식에 대한 두려움으로 이번 '선사 홈쇼핑'을 하지 않았다면 이와 관련된 아이들의 역량 계발과 평가는 불가능했을 것이다.

문항설계

단원	2. 세계와 활발하게 교류하는 고려	평가방법	조사보고서
성취기준	고려 시기 주변 국가와 활발한 교역 및 문화 교류가 이루어졌음을 사례를 통해 설명할 수 있다.		
평가내용	고려와 주변 나라들의 무역 및 문화 교류 관계 조사하기		

성취기준인 **고려 시기 주변 국가와 활발한 교역 및 문화 교류가 이루어졌음을 사례를 통해 설명할 수 있다.**는 고려와 주변 국가의 문화와 무역의 교류 사례를 설명하는 것이다. 따라서 평가내용을 **고려와 주변 나라의 무역 및 문화 교류 관계 조사하기**로 정하였고, 평가방법은 **조사보고서**로 정하였다.

세계와 교류하는 고려

고려는 건국이후 송을 비롯하여 거란, 여진, 일본은 물론이고, 멀리 아라비아 상인과도 무역을 하였습니다. 고려는 외국인의 출입을 허용하고 대외 무역을 장려하는 개방적인 무역 정책을 실시하였습니다. 이런 정책에 힘입어 예성강 하구의 벽란도는 국제무역항으로 크게 번성하였습니다. 우리나라가 '코리아'라는 이름으로 외국에 알려진 것도 고려시대부터입니다.

고려의 대외 무역과 문화 교류에 대해 조사하고, 당대의 사회에 끼친 영향에 대해 발표해봅시다.

- 과제1. 자료 조사하기 (모둠, 동료 평가)
  - 고려와 교역 및 문화 교류한 나라 조사하기
  - 각 나라별 주요 교역품(수출품 및 수입품) 및 문화 교류 조사하기
  - 무역과 문화 교류가 고려사회에 미친 영향
- 과제2. 발표문 쓰기 (개인)

수행과제 첫 부분에 고려시대 주변 국가와의 무역과 문화 교류 사실을 수행과제에 제시하였다. 또한 아이들의 흥미를 끌 수 있도록 '코리아'의 유래를 알려주었다.

조사보고서의 수행과제는 크게 자료 조사하기, 자료 구성하기, 자료 표현하기에 대한 구체적인 내용을 제시해야 학생들이 제대로 된 산출물을 낼 수 있다. 따라서 자료 조사하기에 고려와 교역 및 문화 교류한 나라 조사하기, 각 나라별 주요 교역품(수출품 및 수입품) 및 문화 교류 조사하기, 무역과 문화 교류가 고려사회에 미친 영향을 제시하였다. 학생들의 산출물에 꼭 포함되어야 할 내용이며 수행평가의 내용 타당도 확보에 중요한 내용이다.

과제1 자료 조사는 모둠별로 구성하고, 과제2 발표문 쓰기는 구성된 자료를 바탕으로 개인별 발표문을 쓰도록 구성하였다. 과제1은 모둠원이 협력하여 자료를 조사하고 구성하도록 하였다. 모둠활동에 대한 평가는 개인별 글쓰기 하단에 동료 평가 양식을 제공하고 비밀을 보장하여 진솔한 평가 및 협력성을 강조하였다.

동료 평가

순	내용	이름		
1	조사 활동 시 맡은 역할을 충실하게 하였는가?			
2	조사 내용을 정리할 때 적극적으로 참여하였는가?			
3	조사 활동 시 친구를 배려하면서 활동하였는가?			

〈평가단계: 우수/보통/기초〉

수행평가지

설명문 쓰기

제목:

채점기준

평가요소	채점 척도		
	우수	보통	기초
자료 조사하기 (5, 3, 1)	고려가 주변 국가와 활발한 교역 및 문화 교류가 이루어진 다양한 사례에 대한 자료를 찾을 수 있음.	고려가 주변 국가와 활발한 교역 및 문화 교류가 이루어진 사례에 대한 자료를 찾을 수 있음.	고려가 주변 국가와 활발한 교역 및 문화 교류가 이루어진 사례에 대한 자료를 찾았으나 내용이 부족함.
자료 구성하기 (5, 3, 1)	찾은 다양한 자료를 적절히 활용하여 듣는 사람을 고려하여 내용을 이해하는데 도움이 될 수 있도록 체계적으로 구성함.	찾은 자료를 활용하여 듣는 사람을 고려하여 발표할 때 도움이 되는 자료를 만듦.	자료를 구성하였으나 주제와 적합하지 않거나, 관련성이 부족하여 도움이 안 됨.
발표문 쓰기 (3, 2, 1)	고려가 주변 국가와 활발한 교역 및 문화 교류가 이루어졌음을 다양한 사례를 제시하여 듣는 사람이 쉽게 이해할 수 있도록 설명함.	고려가 주변 국가와 활발한 교역 및 문화 교류가 이루어졌음을 사례를 제시하여 설명함.	고려가 주변 국가와 활발한 교역 및 문화 교류가 이루어졌음을 사례를 제시하였으나, 이해하기 어려움.

대부분의 조사보고서의 채점기준은 자료 조사하기, 자료 구성하기, 자료 표현하기로 구성된다. 이를 기반으로 각 수행과제의 내용과 특성에 따라 약간 수정하여 제공할 뿐이다. 자료 조사와 자료 구성은 성취기준과 관련성이 깊어 가중치를 두어 편성하였다.

평가요소 1. '자료 조사하기'는 고려가 주변 국가와 활발한 교역 및 문화 교류가 이루어진 다양한 사례에 대한 자료를 찾을 수 있는가를 확인하는 것이다. 하나의 자료가 아닌 다양한 사이트 및 서적을 통해 찾을 수 있도록 안내했다.

평가요소 2. '자료 구성하기'는 조사한 다양한 자료를 적절히 활용하여 듣는 사람을 고려하여 내용을 이해하는 데 도움이 될 수 있도록 체계적으로 구성하였는가를 확인하였다. 조사한 자료를 구성하는 형식에 따라 자료 구성도 달라질 수 있다. 신문, 설명문, 만화 등에 따라 달라질 수 있다.

평가요소 3. '발표문 쓰기'는 구성한 자료를 기준으로 각자가 글로 발표문을 작성하도록 하였다. 누가 발표했냐가 중요한 게 아니라 학생 개개인이 내용을 이해하고 설명할 수 있는가에 방점을 두어야 하기 때문이다. 조사한 내용을 충실하게 발표문에 표현하였는가를 확인하기 위해서 고려가 주변 국가와 활발한 교역 및 문화 교류가 이루어졌음을 다양한 사례를 제시하여 듣는 사람이 쉽게 이해할 수 있도록 설명하였는가로 구성하였다.

평가기준

우수	12점 이상

보통	8-11점

기초	7점 이하

수행평가 운영하기

이번 수행평가는 고려와 주변 나라들의 무역 및 문화 교류 관계를 조사하여 발표하도록 구성하였다. 수행평가를 시작하기 전에 고려의 무역과 문화 교류에 대한 기본적인 내용을 수업한 후에 진행하였다. 조사 보고서 작성은 4인 1모둠으로 구성해 자료를 제작하게 했다. 수행평가를 시행하기 전에 수행평가 기준안을 설명해줬다. 특히 자료 조사, 자료구성 및 발표자료 제작까지는 모둠별로 평가하고, 발표하기를 위한 발표문은 개별로 운영과 모둠별 활동 참여도에 대한 동료 평가 실시를 안내하였다.

조사보고서 수행평가는 크게 세 단계를 거친다. 첫 번째는 자료 조사 단계이다. 고려의 대외무역과 문화 교류에 대한 다양한 자료를 조사하는 단계이다. 주로의 학교 컴퓨터실과 도서관을 이용하였다. 네이버 지식인 사이트가 아니라 동북아역사재단, 국사편찬위원회, 관련 단체 홈페이지, 각종 전문가 블로그에서 필요한 자료를 찾도록 유도하였고, 꼭 출처를 표시해달라고 하였다.

두 번째는 자료 구성단계이다. 찾은 자료 중에서 이번 발표에 필요한 부분만을 다시 선별하여 재구성하는 단계이다. 책과 컴퓨터를 통해 찾은 자료 중에서 필요한 부분만 발췌하거나 요약 및 정리한다. 다른 사람들이 이미 정리해놓은 것을 그대로 옮기기보다는 자료를 발표 목적에 맞게 각색하고, 정리해야 한다. 학생들이 이 단계를 어려워했다. 그동안 네이버 지식인에 길들어져 있어, 이 과정을 거쳐본 적이 없기 때문이다. 5학년이 되어 처음 조사보고서 수행평가를 하기 전에 자료 조사하기, 자료구성하기, 발표하기 과정에 대해 충분히 설명하고, 연습하는 과정을 거쳤음에도 여전히 어려워했다. 결국 꾸준한 연습만이 숙달의 비결이었다. 처음의 수준은 대단치 않았지만 수행평가를 반복하며 조사보고서 작성 역량이 점차 향상되었다. 조사 자료를 구성하고 표현하는 방법은 학생들이 조사한 자료의 특성에 따라 신문, 포스터, 보고서 등 다양하게 표현할 수 있게 열어두었다.

세 번째 단계는 발표하기이다. 발표는 개인별로 하였다. 물론 모든 학생이 다 발표하기에는 물리적인 시간 확보가 어려워 자료를 보고 발표문을 써서 제출하는 것으로 평가를 대체하였다. 또한 실제 발표는 조별 뽑기로 결정하였으며, 이를 평가에 반영하지는 않았다. 발표문을 개별로 작성하니 학생 개개인이 모든 평가과정에 적극적으로 참여하는 효과가 있었다. 또한 평가 본연의 목적인 개인의 성취기준 도달정도를 확인하고, 피드백해주기도 용이하였다.

수행평가 발표문에는 모둠활동 참여도를 동료 평가로 측정하였다. 또한 자신의 보고서와 발표문의 채점기준안을 자기 평가하여 스스로를 성찰하도록 하였다. 보통 본인에 대해 가장 잘 아는 사람이 자기 자신이라고 이야기하지만, 평가자로서 역할을 할 때에는 친교의 정도에 따라 평가결과를 메기는 부작용이 생길 때도 있다. 그래서 동료 평가를 학생들의 직접적인 평가에는 반영하지 않았다.

발표가 마무리되면 조사보고서를 교실 벽면에 붙이고, 서로의 조사보고서를 벤치마킹해 학습하며 수행평가를 마무리하였다.

수행평가 제언하기

스스로 자료를 찾고 구성하고 표현하는 기능을 제대로 익히기 위해서는 자료를 수집할 때 네이버 지식인과 교과서를 활용하지 못하게 해야 한다. 왜냐하면 이미 정리된 자료를 복사하는 것은 원래 본연의 조사보고서의 취지에 어긋나기 때문이다. 수행평가를 시작하기 전에 학생들에게 먼저 사용하면 안 된다는 것을 알려주어야 한다.

또한 학기 초 조사보고서를 처음으로 배울 때에는 교사가 자료 조사하는 방법의 학습차원에서 자료 조사에 참고할 만한 곳을 안내해주어야 한다. 자료 구성은 특정방법으로 제한하기보다 학생들이 신문, 포스터, 설명문 등 다양한 방법을 선택할 수 있어야 한다.

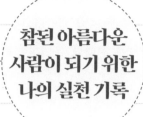

참된 아름다운
사람이 되기 위한
나의 실천 기록

문항설계

단원	4-3. 아름다운 사람이 되는 길	평가방법	자기보고법
성취기준	[4도04-02] 참된 아름다움을 올바르게 이해하고 느껴 생활 속에서 이를 실천한다.		
평가내용	참된 아름다움의 의미를 알고 실천하기		

　　교육과정 성취기준인 **참된 아름다움을 올바르게 이해하고 느껴 생활 속에서 이를 실천한다.**를 분석하면 학생들이 '참된 아름다움의 의미와 종류를 이해'와 '생활 속에서 실천하기'로 세부화해 살필 수 있다. 이를 종합하여 평가내용은 **참된 아름다움의 의미를 알고 실천하기**가 되었다. 실제 실천하는 모습을 교사가 관찰하는 한계가 있어 평가방법은 스스로 자기 평가한 것을 교사가 확인하는 **자기보고법**으로 결정하였다.

수행과제

참된 아름다운 사람이 되기 위한 나의 실천 기록

우리가 참된 아름다운 사람이 되기 위해서는 다양한 노력이 필요합니다. 외면적인 아름다움, 내면적인 아름다움, 도덕적 삶의 아름다움을 위해 학교와 가정에서 노력해야 할 실천과제를 한 가지씩 쓰고, 매일 실천한 사항을 기록하여 봅시다.

- 과제1. 내가 노력해야 할 실천사항을 선정합니다.
- 과제2. 매일 노력한 사항을 기록장에 적고, 아침 활동시간에 선생님께 확인받으세요. 2주 동안 진행됩니다. (시간이 지난 것은 확인해주지 않습니다.)

수행과제는 참된 아름다움의 의미를 알고 실천하는 것에 중점을 두어 구성하였다. 참된 아름다움을 나타내는 외적인 아름다움, 내적인 아름다움, 도덕적 삶의 아름다움을 이해하고, 실제 생활에서 실천하고 싶은 내용을 작성해봄으로써 참된 아름다움의 의미의 이해 정도를 스스로 확인하도록 구성했다.

자기보고법의 특성상 자주 확인하여 내면화할 수 있게끔 매일 아침 점검했고, 채점기준에도 매일 자기 평가한 결과보다는 확인한 횟수를 평가에 반영하였다. 자기 평가를 확인한 뒤 교사의 피드백에 따라 행동을 개선하는지에 방점을 두었다.

수행평가지 마지막에 실천하면서 느낀 점을 쓰게 하여 참된 아름다움의 의미와 실천을 통한 자기성찰을 확인하도록 하였다.

채점기준

평가요소	채점 척도		
	우수	보통	기초
참된 아름다움의 의미 이해 (3, 2, 1)	참된 아름다움의 의미와 중요성을 알고, 자신의 삶을 돌아보고 아름다운 삶을 위해 노력해야 할 실천사항을 구체적으로 알고 있음.	아름다운 사람이 지녀야 할 외면, 내면, 도덕적 삶의 아름다움을 이해하고, 아름다운 삶을 위해 자신이 노력해야 할 실천사항을 알고 있음.	아름다운 사람이 지녀야 할 외면, 내면, 도덕적 아름다움을 구별하지 못함.
실천하기 (7, 5, 3)	아름다움 사람을 위한 지속적인 자기성찰을 통하여 꾸준히 실천하고 기록함.	아름다움 사람을 위한 지속적인 자기성찰을 통하여 꾸준히 기록하고 있으나, 항목이 누락되는 경우가 있음.	지속적인 성찰을 통한 실천사항 기록이 부족함.

채점기준의 평가요소는 '참된 아름다움의 의미 이해'와 '실천하기'로 구성하였다.

평가요소 1. '참된 아름다움의 의미 이해'는 세 가지 영역 중에서 자신의 노력이 필요할 사항을 알고 실천대상으로 선정한 것을 평가하는 항목이다. 실제 참된 아름다움의 의미를 생각하지 않고서는 쓸 수 없으므로 평가요소로서 가치가 있다. 참된 아름다움의 의미와 중요성을 알고, 자신의 삶을 돌아보고 아름다운 삶을 위해 노력해야 할 실천사항을 구체적으로 생각하고 있음으로 구성하였다.

평가요소 2. '실천하기'에서는 자신의 실천사항을 지속적으로 성찰하고, 확인하는 게 중요하다. 자기 평가의 질을 평가하고자 함이 아니다.

꾸준한 실천을 통한 내면화에 목적이 있다. 따라서 아름다운 사람이 되기 위해 지속적으로 자기성찰하고 기록한 정도를 확인하였다.

평가기준

| 우수 | 9점 이상 | | 보통 | 5-8점 | | 기초 | 4점 이하 |

수행평가지

아름다운 사람이 되기 위한 나의 실천 기록

4학년 1반 (   )번 이 름(   ), 역할(   )

• **아름다운 사람이 되기 위해 내가 노력해야 할 실천사항을 쓰시오.**

외면적 아름다움	내면적 아름다움	도덕적 삶의 아름다움

• 실천 기록 및 자기 평가

(우수:◎, 보통:○, 기초:△)

날짜	실천한 일	자기 평가			선생님 확인
		외면	내면	도덕적 삶	

• 실천하면서 느낀 점을 쓰시오.

수행평가 운영하기

이번 수행평가의 교육과정 성취기준은 **참된 아름다움을 올바르게 이해하고 느껴 생활 속에서 이를 실천한다.** 이다. 2009개정교육과정에서는 5학년 과정이었던 것이 2015개정교육과정에서는 4학년으로 내려왔다.

도덕의 지식, 기능은 대부분 학생이 쉽게 이해한다. 그런데 실제 이를 내면화, 생활화한 실천이 문제이다. 이 활동들은 대부분 학교보다는 가정에서 이루어진다. 따라서 교사가 각 학생의 가정에 직접 방문하여 확인하기란 현실적으로 불가능하고, 학생과 학부모 면담을 통해 평가한다는 것은 더 어렵다. 이를 대체할 방법으로 학생들이 자기 평가한 내용을 보고하는 자기보고법을 활용하였다.

수업에서 배웠던 아름다운 삶을 가꾸기 위한 세 가지 유형인 내적인 아름다움, 외적인 아름다움, 도덕적인 삶의 아름다움을 위해 자신이 노력해야 할 일을 적고 매일 실천하도록 하였다. 일전에 2주 동안 실천한 것을 써서 제출하라고 했더니 제출 마지막 날에 한꺼번에 써서 제출하여, 평가 의도였던 매일 자기를 성찰하고 떠오른 바를 실천하라는 취지와는 어긋났음을 느꼈다. 따라서 이번에는 2주 동안 매일 아침활동 시간에 교사에게 확인받도록 하였다.

수행평가를 할 때 단순히 잘 실천하여 좋은 결과물을 낸다는 것이 평가의 주 대상이 되어서는 안 된다. 매일 꾸준히 자기를 돌아보고 스스로 성찰하며 잘못한 점이 있다면 어떤 것을 잘못했는지 체크하여 다음번엔 더 잘하도록 격려하고 실천하게 하는 과정이 성취기준의 원래 목표에 더욱 부합한다. 따라서 학생들에게 평가기준을 설명하며 선생님께 꾸준히 검사받는 것의 중요성을 알려줬고, 실제로 평가에도 반영하였다. 2주일 동안 아침에 학생들의 자기 평가결과를 참조해 도덕적인 삶에 대해 수업시간마다 더 많은 이야기를 나눌 수 있었다.이 과정을 마친 후에 느낌을 쓰고, 서로 2주간의 경험을 나누면서 평가를 마무리했다. 이 평가가 가장 완벽한 방법은 아니겠지만 분명 과거의 방법보다는 개선된 방법이란 확신이 들었다.

수행평가 제언하기

도덕의 교육과정 성취기준은 주로 내면화, 습관화, 실천화라는 내용이 많다. 지식과 기능 측면에서 학생들의 이해력은 높은 수준이다. 결국 도덕과의 핵심은 실천에 있다. 실천을 위해서는 학생에게 지속적인 관심을 가지고 확인하는 것 외에 다른 방법이 없다. 물론 도덕적으로 완벽하여 자기 평가에 신뢰성이 높아지면 문제가 없겠지만 이것은 현실적으로 불가능하다. 도덕뿐만 아니라 실과, 사회 교과에서도 실천 및 생활화하라는 성취기준이 존재한다. 이것들을 한꺼번에 하려면 시행하는 학생도, 운영하는 교사도 애로점이 많고, 실제로 평가의 목적을 달성하기도 어렵다. 다행스럽게도 초등학교에서는 담임교사가 운영하니 과목마다 중복되지 않도록 조절하여 운영할 수 있는 폭이 비교적 넓다.

조금 더 완벽하려면 배우는 시기를 사전에 조정하면 더 좋은 교육효과를 가져올 수 있다.

인권을
존중하는
우리

문항설계

단원	5-6. 인권을 존중하며 함께 사는 우리	평가방법	프로젝트
성취기준	[6도03-01] 인권의 의미와 인권을 존중하는 삶의 중요성을 이해하고, 인권존중의 방법을 익힌다.		
평가내용	인권의 의미와 중요성을 알고 인권존중 실천하기		

　교육과정 성취기준 인권의 의미와 인권을 존중하는 삶의 중요성을 이해하고, 인권존중의 방법을 익힌다.를 분석하면 학생들이 '인권존중의 의미와 중요성 이해하기', '인권 침해에 대한 올바른 대처 방안 알기', '인권존중의 방법 생각하고 실천하기'를 평가요소로 추출할 수 있다.

　또한 사회과의 인권의 중요성을 인식하고 인권 신장을 위해 노력했던 옛 사람들의 활동을 탐구한다. 나 생활 속에서 인권 보장이 필요한 사례를 탐구하여 인권의 중요성을 인식하고, 인권 보호를 실천하는 태도를 기른다.와 함께 교육과정을 재구성하여 운영할 수 있다.

이를 종합하여 평가내용으로 **인권의 의미와 중요성을 알고 인권존중 실천하기**로 정하였다. 학생들이 인권존중을 실천하기 위해서 다른 친구들에게 인권의 소중함과 학교에서 개선되어야 할 인권문제에 대해 학생들에게 알릴 수 있도록 평가방법을 **프로젝트**로 정하였다.

수행과제

인권을 존중하는 우리

나의 인권이 존중받아야 하는 것처럼, 다른 사람의 인권도 존중해야 합니다. 하지만 때때로 인권이 존중되지 않는 경우도 발생합니다. 학교생활 중에도 다양한 인권문제가 발생하고 있습니다. 친구들과 학교에서 발생하는 인권문제들을 찾아보고 이를 해결하기 위한 방안을 찾아 실천해봅시다.

- 과제1. 학교 내에서 인권과 관련된 문제를 찾아봅시다.
- 과제2. 문제를 해결할 수 있는 방법을 생각해봅시다.
- 과제3. 이를 실천할 수 있는 계획을 세워봅시다.
- 과제4. 계획을 실천하여 봅시다.

수행과제에 인권의 의미와 필요성, 학교생활 속에서 인권존중이 필요한 까닭을 기술하였다. 학교생활 내에서 우리가 인지하지 못하고 있는 인권문제가 있는지를 찾아보도록 구성하였다.

과제1을 통해 인권존중의 시작은 인권감수성에서 출발하므로 학교 내에서 인권문제가 있는지를 찾아보게 하였다.

과제2는 인권문제를 개선 및 해결하기 위해서 우리가 실천할 수 있는 방법을 찾아보게 하였다.

과제3은 인권문제를 해결하기 위한 실천 계획을 수립하고 준비하도록 하였다.

과제4는 계획에 의거해 직접 실천하도록 하였다. 실천 방법은 제한하지 않고 스스로가 선택하여 해결 방안을 실천하도록 구성하였다.

수행평가지

인권 프로젝트 계획서

( )조

번호	이름	번호	이름	번호	이름

1.우리 주변에서 인권중심적으로 개선해야 할 사례는?

2. 이를 해결하기 위한 실천 방안 마련하기

3. 실천을 위한 준비물은?

채점기준

평가요소	채점 척도		
	우수	보통	기초
인권에 대한 이해도 (5, 3, 1)	인권의 의미를 바르게 이해하고, 학교생활에서 발생되는 다양한 인권문제를 찾아 이를 해결하기 위한 구체적인 실천 방법을 계획할 수 있음.	인권의 의미를 바르게 이해하고 학교생활에서 인권문제를 찾고 실천방안을 계획할 수 있음.	인권의 의미에 대한 이해도가 미흡함.
준비하기 (5, 3, 1)	친구들과 인권존중 프로젝트에 필요한 도구 제작에 적극적으로 참여하였음.	친구들과 인권존중 프로젝트에 필요한 도구 제작에 참여하였음.	친구들과 인권존중 프로젝트에 참여하려고 노력함.
실천하기 (5, 3, 1)	인권문제를 해결하기 위한 인권 프로젝트에 적극적으로 참여함.	인권문제를 해결하기 위한 인권 프로젝트에 참여함.	인권문제를 해결하기 위한 인권 프로젝트에 참여가 부족함.

평가기준

우수	13점 이상

보통	9-12점

기초	8점 이하

채점기준의 평가요소는 인권에 대한 이해도, 준비하기, 실천하기로 구성하였다.

평가요소 1. '인권에 대한 이해도'는 우리 주변에서 발생할 있는 인권문제를 찾을 수 있는가를 확인하는 것이다. 인권의 의미를 모르고서는 인권문제를 찾기 어렵다. 따라서 인권의 의미를 바르게 이해하고, 학교생활에서 발생하는 다양한 인권문제를 찾아 이를 해결하기 위한 구체적인 실천 방법을 계획할 수 있는 정도를 확인하도록 구성하였다.

평가요소 2. '준비하기'는 인권문제를 해결하기 위한 준비 과정을 확인하는 것이다. 모둠원으로서 인권존중 프로젝트에 필요한 도구제작에 참여하는 정도를 확인하였다.

평가요소 3. '실천하기'는 다양한 형태로 진행되어 하나의 방법으로 평가하기는 어려워 구체적인 방법보다는 인권문제를 해결하기 위한 인권 프로젝트 활동에 참여한 정도를 확인하도록 구성하였다.

수행평가 운영하기

도덕 교과의 수행평가에서 교사가 직접 관찰할 수 있는 부분은 일상적인 학교상황에서 평가가 가능하다. 예를 들어 덕목 영역이 그러하다. 그런데 인권, 통일의지처럼 학생의 현재 내면을 들여다보는 것은 한계가 있다. 그렇다고 질문을 하면 지필평가처럼 자신의 생각보다는 정답만을 찾는 현상이 발생하게 되어, 평가의 의도에 적합하지 않는 평가가 되고 만다.

인권 주제는 5, 6학년군의 도덕과 사회에서 다루고 있다. 따라서 두 교과의 세 가지 성취기준을 재구성하여 지도하는 것이 효과적이다. 이번 주제를 해결하기 위해 주로 사용한 방법이 학생들이 직접 찾아서 해결하는 프로젝트 활동이다. 학생들이 프로젝트를 계획하기 전에 수업시간에 인권의 의미와 인권문제 사례, 사회에서 인권문제 해결을 위한 노력, 이를 통해 개선된 사회의 인권문제에 대해 배웠다. 이를 기반으로 모둠을 구성하여 다음과 같은 과제를 찾아 해결하도록 하였다. 첫 번째는 학교에서 일어나는 인권문제 사례 찾기였다. 두 번째는 인권문제 해결을 위해 노력하기였다. 먼저 우리 주변에서 개선해야 할 인권사례를 찾기 위해 일주일의 시간을 주었다. 이미 평소에 인권에 관심이 있던 학생들은 쉽게 인권문제를 이야기할 수 있겠지만 그렇지 않은 아이들에게는 시간이 필요했다. 모두가 참여하는 프로젝트가 되기 위해서는 모든 구성원이 문제를 인식하고 내면화할 수 있도록 기다려주어야 한다.

일주일의 시간 동안 학생들은 각자 생활 속에서 인권 문제를 찾았고, 모둠으로 모여서 프로젝트 계획서에 우리 학교에서 개선되어야 할 다양한 인권문제들을 썼으며, 그 중에서 우리 모둠이 개선하고자 하는 문제를 토의로 선정하였다. 또한 선정된 인권문제를 개선하기 위해 우리가 실천할 수 있는 일을 작성하여 선생님께 확인한 후에 다음 실천 단계로 넘어가도록 하였다. 계획서를 확인받으라고 한 이유는 자칫 학생수준을 넘어서 실천해보지도 못하고 좌절하거나, 내용이 인권에 적합하지 않는 사례인지를 중간 점검해주기 위해서였다.

다음 과정은 프로젝트 실천을 위한 준비단계이다. 캠페인을 위해서는 캠페인할 때 필요한 피켓제작이 필요하고, 각종 포스터 광고를 위해서는 포스터를 제작할 시간이 필요하기 때문이다. 각종 자료제작에 필요한 준비물을 사전에 선생님께 신청하여 학생들이 따로준비물을 가져오지 않도록 하였다. 이번에 선정된 주제가 학교폭력, 거친 언어사용, 저학년에게 함부로 하지 않기, 장애인 시설 이용하지 않기였다. 이를 위해 포스터 및 표어를 제작하여 해당 시설물에 부착하거나, 등교시간, 중간놀이시간, 점심시간에 캠페인을 하겠다는 계획이 대부분이었다.

특히 캠페인 조가 세 팀이나 있어 사전에 캠페인 장소 및 시간 협의가 필요했다. 모둠장이 모여서 시간과 장소를 순환하여 배정하였고, 캠페인은 일주일 동안 진행하였다. 캠페인 참여과정을 교사가 직접 확인하였고, 학급에서 캠페인 기록자를 선정하여 스마트폰으로 동영상 및 사진을 촬영하였다. 캠페인 기록자를 희망하는 학생이 많아서 모둠별로 기록자를 별도로 편성하였다. 주로 포스터 및 표어 제작팀에서 기록자가 나왔고, 기록한 내용은 프로젝트 마무리 시간에 포스터가 부착된 사진과 캠페인 동영상 시청을 통해 되돌아보기 활동에 활용하였다.

수행평가 제언하기

학습을 통해 **실천하고, 태도를 기른다.**라는 성취기준을 제시하는 교과는 도덕 외에 사회, 실과에서도 볼 수 있다. 이런 성취기준에 적합한 평가방법으로 자기보고법이나 프로젝트가 많이 활용된다. 학생이 주도성을 가지고 프로젝트를 계획하고 운영하는 것이 좋으나, 초등학교에서 교사의 사전 지도 없이 최초의 목표에 도달하기는 분명 어렵다. 따라서 학생들에게 충분한 정보를 제공하고, 중간에 점검 과정을 거쳐야 학생들이 성공적으로 프로젝트를 수행할 수 있다.

프로젝트는 하나의 교과보다는 다양한 교과와 연계하여 실시하면 효과적이다. 이번 인권사례는 사회과에서도 다루고 있다. 또한 표현하는 과정은 미술 교과와 연계하여 지도할 수 있다. 다양한 교과의 성취기준과 접목한다면 학습 진도와 시수 확보에 대한 문제에서 벗어날 수 있다.

수학

수학과의 대부분 교육과정 성취기준은 수행평가보다는 지필평가(서술형, 논술형)가 적합한 성취기준이다. 또한 수학은 단계형으로 수업이 진행되어 과정평가(형성평가)가 필수적이다. 주로 활용하는 수행평가방법으로 프로젝트 평가, 포트폴리오 평가, 관찰 평가, 면담 평가, 구술 평가 등이 있다.

문항설계

단원	6-1-5. 여러 가지 그래프	평가방법	조사보고서
성취기준	[6수05-04] 자료를 수집, 분류, 정리하여 목적에 맞는 그래프로 나타내고, 그래프를 해석할 수 있다.		
평가내용	실생활 자료를 수집하여 목적에 맞는 그래프로 나타내고, 자료의 특성을 설명하기		

    교육과정 성취기준인 **자료를 수집, 분류, 정리하여 목적에 맞는 그래프로 나타내고, 그래프를 해석할 수 있다.**의 구체적인 평가요소는 실생활에서 자료를 수집, 분류, 정리하기', '그래프로 나타내기', '그래프 해석하기'이다.

    이를 종합하면 '목적에 맞는 자료를 수집하여 그래프로 나타내고 해석하기'이다. 학생들은 목적에 맞는 자료를 직접 찾아서 설문조사하고,

결과를 그래프로 나타내고, 해석하기 때문에 평가방법을 조사보고서로 정하였다.

수행과제

친구들의 생각이 궁금해요

신문이나 방송을 보면 다양한 그래프를 활용하여 정보를 제공하고 있습니다. 이런 그래프들은 자료 조사의 결과를 보는 사람이 더 쉽게 이해할 수 있도록 다양한 방식으로 설명한 것입니다.

우리 학교에서 학생들이 관심 있을 만한 여러 가지 정보들을 조사하여 친구들에게 알려주려고 합니다. 모둠별로 협력하여 자료를 조사하고, 그래프로 표현해봅시다.

• 과제1. 자료 조사하기(모둠) – 조사대상은 5학년, 인원은 최소 50명 – 조사 기간: 3일 이내 – 결과는 표로 제시하기 – 조사한 설문지, 자료를 제출하기	• 과제2. 자료표현 및 결과 해석하기(개인) – 그래프 선택 및 이유 – 그래프로 표현하기 – 자료(그래프) 해석하기

※ 설문 조사할 때 조사 목적을 분명하게 밝히기

우리 학교 학생들이 궁금해할만한 내용을 선정하여 친구들의 의견을 조사하고, 한눈에 쉽게 볼 수 있도록 그래프로 그린 뒤, 해석할 수 있도록 구성하였다. 과제1의 자료 조사는 모둠별로 수행과제를 진행하도록 하였으며, 조사기간과 조사 대상 및 인원을 구체적으로 기술하였다.

과제2는 개인별 과제로 구성하였다. 모둠별로 조사한 자료를 공유하여 자료를 그래프로 표현하고, 그래프를 해석하도록 구성하였으며, 양식을 개발하여 제공하였다.

　또한 자료를 조사할 때 유의할 점을 제시하여 실제 설문조사할 때와 유사한 환경을 조성하도록 과제에 기술하였다.

수행평가지

자료 조사 계획하기

5학년 1반 (   )번 이름(   ), 역할(   )

조 원:

1. 조사목적

2. 조사대상

3. 조사일시

4. 조사결과(표로 제시)

자료 표현하기(개인)

1. 그래프 종류 선택 및 이유

- **그래프 종류:**
- **이 유:**

2. 그래프 그리기

3. 자료 해석하기

채점기준

평가요소	채점 척도		
	우수	보통	기초
자료수집 (3, 2, 1)	조사에 목적에 따라 대상을 선정하여 조사함.	조사할 목적에 맞게 조사할 대상을 선정하였으나 인원이 부족함.	조사할 목적 및 대상에 대한 선정이 부족하여 조사를 완료하지 못함.
그래프 선정 (3, 2, 1)	목적에 맞는 그래프 선택하고, 선택한 이유를 올바르게 작성함.	목적에 맞는 그래프 선택하였으나, 선택한 이유를 올바르게 작성하지 못함.	목적에 맞는 그래프 선택하지 못하였고, 선택한 이유를 작성이 서툼.
그래프 나타내기 (3, 2, 1)	자료를 선택한 그래프로 정확하게 표현함.	자료를 선택한 그래프로 정확하게 표현하지 못함.	자료를 선택한 그래프로 표현이 서툼.
그래프 해석 (3, 2, 1)	그래프를 보고 자료의 특성을 이유를 들어 두 가지 이상 해석함.	그래프를 보고 자료의 특성을 이유를 들어 한 가지 해석함.	그래프를 보고 자료의 특성을 파악 및 해석이 서툼.

채점기준의 평가요소는 자료수집, 그래프 선정, 그래프 나타내기, 그래프 해석으로 구성하였다. 자료수집은 모둠별로 평가하였고, 나머지 세 영역은 각자 개인별로 평가하였다.

평가요소 1. '자료 수집'은 조사 목적에 맞게 조사계획을 수립하여 설문조사할 대상을 선정하여 조사하였는가를 성취수준으로 나타내었다. 특히 수행과제에서 유의사항으로 제시한 설문대상 인원도 포함하였다.

평가요소 2. '그래프 선정'은 조사하는 대상의 특성에 따라 '막대 그래프'와 '꺾은선 그래프'를 선택할 수 있는가를 나타내었다.

평가요소 3. '그래프 나타내기'는 조사한 자료를 한눈에 쉽게 알아볼 수 있도록 그래프 그리는 방법에 따라 정확하게 표현하는 정도를 진술하였다.

평가요소 4. '그래프 해석'은 조사하고, 제시한 자료를 조사한 목적에 따라 다양하게 해석할 수 있는가를 나타내었다.

평가기준

우수	10점 이상		보통	8–9점		기초	7점 이하

수행평가 운영하기

수학과에서 수행평가라는 이름으로 평가할 수 있는 성취기준이 많지 않다. 수학은 주로 지필평가로 문제를 해결하는 과정과 그 결과를 평가하는 것이 더 효과적이기 때문이다. 5-6학년군에서 수행평가는 원주율 측정, 쌓기나무 쌓기, 도형 작도하기 정도에 주로 쓰인다.

학생들은 표를 보고 그래프 그리는 방법을 초등학교 중학년부터 배워왔다. 자료를 제공해주고 해석하는 방식은 서술형, 논술형 평가에서 흔하게 볼 수 있다. 이런 평가에 익숙한 학생들은 그 원자료가 어떻게 만들어졌는지에 관심이 없다. 또한 이런 자료들이 실제 생활에서는 어떻게 활용되고 있는지 알지 못하는 경우도 많다. 그래서 이번 수행과제로 우리 학생들이 궁금해 하는 것과 학교구성원의 생각들을 모아 학교에 제언하는 내용으로 꾸려보았다. 학생들의 생각을 정리하여 학교 홈페이지에 '우리는 이렇게 생각한다'라는 주제로 자유게시판에 글을 올리기까지를 최종 목표로 하는 수행과제를 시행했다.

이번 수행과제 해결을 위해 4인당 1개 모둠을 구성하였다. 모둠구성은 현재 편성되어 있는 모둠을 그대로 활용하였다. 첫 번째 과제는 계획 수립하기 단계였다. 실제로 학생들에게 의견을 물을 때에 모둠원 전체가 이것을 왜 하는지, 결과를 어떻게 활용할 것인지에 대한 공유가 필요하다. 이 부분이 빠지면 모든 과정이 형식화되어 조사과정에서의 참여가 저조해진다.

또한 계획 수립하기에서 선정한 주제가 교육적이지 못하거나, 조사결과가 학생들의 삶에 도움이 되지 않는 경우가 있을 수 있어 계획 수립 후 교사의 확인을 받은 후에 다음 과정을 진행하도록 하였다.

계획을 확인받은 모둠은 계획에 따라 설문조사 대상과 설문방법을 결정하고, 설문하기 위한 자료를 제작하였다. 자료의 신뢰성을 위해서 최소 설문인원을 50명으로 선정하였고, 설문조사를 학생들에게 받을 때 설문을 왜 하는지, 결과를 어떻게 활용할지를 설명해주라고 당부하였다.

학생들이 선정한 주제와 결과를 학교생활에 반영하겠다는 이야기도 많았다. 우리학교 학생들이 좋아하는 간식을 조사하여 영양 선생님께 보여드리고 급식메뉴에 반영해달라고 요청하겠다는 의견이나, 친구들이 좋아하는 스포츠클럽을 조사하여 체육부장 선생님께 클럽 운영에 반영해달라는 등 다양한 의견이 있었다.

학생들을 대상으로 설문조사에 사흘의 시간을 주었으나 실제로 대부분이 점심시간에 설문을 완성하였다. 그런데 학생들은 설문조사보다는 설문조사한 결과를 자료(표)로 만드는데 생각보다 어려움을 많이 호소했다. 대부분이 소수의견이 많이 나왔을 때 이것을 어떻게 표로 만들고 그래프로 정리할 것인가를 어려워했다. 교과서에서는 이렇게 소수의견이 많이 나온 것을 본 적이 없었기 때문이다. 그런데 실제 설문에서는 다양한 설문결과가 나올 수 있기 때문에 사전에 자료 정리하는 방법에 대한 학습이 필요했다.

설문조사를 마친 후 학생들이 자료 정리하는 방법을 어려워해서, 이 부분을 다시 수업하였다. 사전에 이런 부분을 예측하고 설명했다면 더 좋았을 텐데 하는 생각이 뒤늦게 들었다.

설문조사 결과를 표로 정리하는 것까지는 모둠별로 실시했고, 그래프 그리기와 자료 해석은 개인별로 진행하였다. 이유는 앞에서도 언급했지만 중등에서 고민하는 무임승차효과에 대한 걱정보다는 학생 개개인이 자료를 표현하고 해석하는 와중에 모르는 부분을 확인하여 도와주기 위해서였다.

수학 교과에서는 자료해석까지 정리하였고, 이를 국어 교과에서 매체를 활용하여 글쓰기를 통해 학교 홈페이지에 자기 생각을 담은 기사문을 쓰는 것으로 마무리하였다.

수행평가 제언하기

모둠별로 수행평가를 구성할 때에는 학생 개개인이 성취기준에 도달하였는지를 확인하기 어려울 때가 많다. 따라서 수행과제를 제작할 때 모둠원과 꼭 해야 할 내용이 아니면 가급적 개인별로 진행해야 한다. 학생들에게 수행평가 기준안을 설명할 때 미리 공지하면 학생들의 참여도가 향상됨을 체감할 수 있다.

또한 국어과의 다양한 글쓰기의 소재로서 자신이 조사한 자료를 활용하는 것도 의미 있다. 실제로 기사, 주장문, 제언 등이 이런 과정으로 작성됨을 알게 되어 삶에 대한 교육의 관점에서 유용하다.

과학/실과

과학과의 교육과정 성취기준을 분석하면 실험, 실습과 탐구가 주된 활동을 이룬다. 이를 확인하기 위한 평가방법으로 다양한 보고서 형태의 평가방법이 주로 쓰인다. 실험한 과정과 결과를 나타내는 실험보고서, 식물과 동물을 키우면서 관찰하여 기록하는 관찰보고서, 다양한 자료를 조사하여 보고서로 작성하는 조사보고서 방법 등이 있다.

2015개정교육과정에서 제시한 과학 평가방향[10] 은 다음과 같다.

'과학'에서는 과학의 핵심 개념의 이해 및 과학 탐구 학습을 통한 과학과 핵심역량과 과학적 태도를 균형 있게 평가하며, 특히 다음 사항에 주안점을 둔다.

(1) 과학의 핵심 개념을 이해하고 적용하는 능력을 평가한다.
(2) 과학적 사고력, 과학적 탐구 능력, 과학적 문제 해결력, 과학적 의사소통 능력, 과학적 참여와 평생 학습 능력 등과 같은 과학과 핵심역량을 평가한다.
(3) 과학에 대한 흥미와 가치 인식, 과학 학습 참여의 적극성, 협동성, 과학적으로 문제를 해결하는 태도, 창의성 등을 평가한다.
(4) 평가는 선다형, 서술형 및 논술형, 관찰, 보고서 검토, 실기 검

---

10 교육부(2015)

사, 면담, 포트폴리오 등의 다양한 방법을 활용한다.

(5) 평가는 창의융합적 문제 해결력 및 인성과 감성 함양에 도움이 되는 소재나 상황들을 적극적으로 발굴하여 활용한다.

(6) 평가는 개별 평가와 더불어 협동심을 함양하기 위한 모둠 평가를 실시한다.

(7) 타당도와 신뢰도가 높은 평가가 될 수 있도록 가능하면 공동으로 평가 도구를 개발하여 활용한다.

(8) 평가는 설정된 성취기준에 근거하여 실시하고, 그 결과를 학습 지도 계획 수립과 지도 방법 개선, 진로 지도 등에 활용한다.

(9) 평가는 평가 계획 수립, 평가 문항과 도구 개발, 평가의 시행, 평가 결과의 처리, 평가 결과의 활용 등의 절차를 거쳐 실시한다.

문항설계

단원	3-1-3. 동물의 한살이		평가방법	관찰보고서
성취기준	[4과10-02] 동물의 한살이 관찰 계획을 세우고, 동물을 기르면서 한살이를 관찰하며, 관찰한 내용을 글과 그림으로 표현할 수 있다. 〈탐구활동〉 동물의 한살이 관찰하기			
평가내용	곤충의 한살이 관찰 계획에 따라 곤충을 기르며 관찰하고, 생명을 소중히 하는 태도 갖기			

　　과학과 3학년 1학기 3단원 **동물의 한살이**의 교육과정 성취기준은 **동물의 한살이 관찰 계획을 세우고, 동물을 기르면서 한살이를 관찰하며, 관찰한 내용을 글과 그림으로 표현할 수 있다.** 이며, 〈탐구활동〉 동물의 한살이 관찰하기이다. 이에 따라 평가요소로 곤충의 한살이 관찰 계획에 따라 곤충을 기르며 관찰하고, 생명을 소중히 하는 태도 갖기로 정했다.

수행과제

배추흰나비 성장일기

모둠별로 제공된 사육 상자 안에 배춧잎이 있고, 그 뒷면에는 배추흰나비 애벌레가 있습니다. 배추흰나비 키우는 방법을 알고, 관찰 계획을 수립하여 한살이를 관찰해 봅시다. 배추흰나비의 성장 과정을 관찰하면서 성장일기를 써보세요.

- 과제 1. 배추흰나비 관찰계획서를 작성하시오. (양식 1)
- 과제 2. 관찰 계획에 배추흰나비 성장일기를 작성하시오. (양식 2)
- 과제 3. 배추흰나비 성장 보고서를 작성하시오. (양식 자유)

※ 배추흰나비의 한살이 과정과 단계별 특징이 포함되어야 함

동물의 한살이를 확인하기 위한 수행과제로 배추흰나비 성장일기 쓰기로 정했다. 첫 번째 과제로 배추흰나비를 키우는 방법을 알고, 관찰 계획을 수립하기로 하였다. 두 번째 과제는 관찰계획서가 배추흰나비 관찰을 통해 성장일기를 작성하는 것이다. 마지막 과제로 관찰한 결과를 성장보고서로 작성하고, 친구들과 나누도록 구성하였다.

채점기준

평가요소	채점 척도		
	우수	보통	기초
관찰 계획 수립 (3, 2, 1)	배추흰나비의 특성을 알고, 기르기 위한 관찰 계획을 세웠다.	배추흰나비를 기르기 위한 관찰 계획을 세웠다.	배추흰나비를 기르기 위한 관찰 계획을 세우지 못했다.
성장일기 기록하기 (7, 4, 1)	배추흰나비의 성장 과정(알, 애벌레, 번데기, 성충)을 모두 관찰하여 특징과 모습을 기록했다.	배추흰나비의 성장 과정(알, 애벌레, 번데기, 성충)중 2~3 시기의 특징과 모습을 기록했다.	배추흰나비의 성장 과정(알, 애벌레, 번데기, 성충)중 한 시기 이하의 특징과 모습을 기록했다.
한살이 이해 (3, 2, 1)	배추흰나비의 한살이 과정과 특징을 설명했다.	배추흰나비의 한살이 과정을 설명했다.	배추흰나비의 한살이 과정을 알지 못한다.
생명 존중 (3, 2, 1)	배추흰나비를 기르면서 생명의 소중함을 알고, 실천했다.	배추흰나비를 기르면서 생명의 소중함을 알고 있다.	배추흰나비를 기르면서 생명의 소중함을 인식하지 못했다.

채점기준의 평가요소를 관찰 계획 수립, 성장일기 기록하기, 한살이 이해, 생명존중으로 구성하였다.

평가요소 1. '관찰 계획 수립'은 학생들이 배추흰나비의 키우는 데 필요한 기본적인 사항을 이해하고, 관찰 계획을 수립하였는가를 확인하였다.

평가요소 2. '성장일기 기록하기'는 배추흰나비의 성장과정을 모두 관찰하고, 알, 애벌레, 번데기, 성충으로 성장하는 과정과 특징을 지속적으로 관찰하고 기록했는가를 확인하였다.

평가요소 3. '한살이 이해'는 배추흰나비의 관찰결과를 보고서로 작성하여 동물의 한살이 과정을 이해했는가를 확인하였다.

평가요소 4. '생명존중'은 배추흰나비를 기르면서 생명의 소중함을 인식하고, 지속적인 관심을 가지고 곤충을 키우고 있는가를 확인하였다.

평가기준

우수	13점 이상		보통	9~12점		기초	8점 이하

수행평가지

배추흰나비 관찰 계획

3학년 ( )반 ( )번 이름(   )

관찰 기간	년 월 일 ~ 년 월 일
기를 장소	
먹이	
관찰하면서 보고 싶은 것	
주의할 점	

배추흰나비 성장일기

관찰 날짜	년 월 일 요일
사진/그림	
관찰한 내용	• 겉모습의 특징 / 색깔 / 크기 / 움직임의 특징 등
느낀 점	

수행평가 운영하기

교실 현장에서 동물 한살이를 관찰하기 위해서는 먼저 학생들과 기를 곤충을 정해야 한다. 곤충을 정하기 위해서 곤충의 한살이와 곤충의 생육 습성을 조사하고, 우리 교실에서 기를 수 있는 곤충인지, 한살이 과정을 학기 내에 관찰 가능한지를 점검한다.

교실에서 가장 많이 선택하는 동물은 배추흰나비이지만 학교의 특성과 학생들의 요구에 따라 다양한 동물을 선택할 수 있다. 다만 한살이를 관찰하는 것이 목적이고, 방학이라는 특수한 여건을 감안할 때, 한살이가 짧고 쉽게 기를 수 있는 곤충으로 정해야 한다.

다음으로 동물의 한살이 계획을 수립해야 한다. 곤충의 한살이 특성에 맞게 관찰해야 할 중요한 변화를 중점으로 관찰 계획을 수립한다. 또한, 실제 곤충을 기르기 위한 역할도 분담해야 한다. 계획하기와 실제 생육과 관찰하기는 연속선상에 있지 않고, 실제 기를 곤충을 구입한 후에 이루어져야 한다. 따라서 수업 또한 차시를 연속해서 운영하는 것보다는 곤충의 생육에 맞게 조정하여 운영해야 한다. 교사는 곤충의 성장에 유의미한 변화가 일어날 시기를 예상하고 수업차시 계획을 진행해야 한다. 교수학습은 일반 과학과 교육과정 운영과 별도로 병행해야 한다. 학생들이 작성한 관찰계획서를 점검하여, 학생들이 관찰해야 할 중요한 순간의 누락 여부 및 모둠별 운영일 경우 모둠원의 역할을 점검하고 피드백해주어야 한다.

교사는 중간 중간 점검의 시간을 가져야 한다. 학생들은 곤충을 관찰한 중간 결과를 점검하고, 생명의 소중함을 느낄 수 있도록 다양한 활동을 전개해야 한다. 곤충을 키우면서 느낀 점을 나누고, 생명의 신비로움에 관해 이야기할 수 있도록 진행한다. 이때 교사는 학생들이 그동안 작성한 관찰일지를 중간점검하여 최초의 계획서에 따라 운영되었나를 확인하고 피드백해주어 추후 학생들이 보다 나은 관찰 활동을 할 수 있도록 도와주어야 한다.

관찰이 마무리되면 관찰 결과를 정리하여 친구들과 공유하는 시간을 갖는다. 그동안 작성한 관찰일지를 참고하여 친구들에게 곤충의 한살이를 설명하기 위한 자료를 제작하도록 한다. 관찰한 내용을 바탕으로 친구에게 발표하고, 들으면서 서로 질문을 통해 학습할 수 있게 한다.

수행평가 제언하기

학교에서 한살이를 운영하는 것은 쉬운 일이 아니다. 하지만 교사가 어떻게 계획하느냐에 따라 학생들은 다양한 경험을 할 수 있다. 배추흰나비는 일상에서 보기 어려운 곤충이 되었다. 학생들이 매일 식탁에서 쉽게 접하는 달걀에서 시작해 닭 키우기를 할 수도 있다. 달걀 부화기를 통해 병아리를 닭이 될 때까지 키운다면 학생들의 호기심을 자극할 수 있고, 생명의 소중함을 느끼기에도 좋은 자료가 될 수 있다.

문항설계

단원	생활 속의 동식물	평가방법	실습
성취기준	[6실04-02] 생활 속 식물을 활용 목적에 따라 분류하고, 가꾸기 활동을 실행한다.		
평가내용	텃밭 가꾸기		

　　교육과정 성취기준인 **생활 속 식물을 활용 목적에 따라 분류하고, 가꾸기 활동을 실행한다.**를 분석하여 평가요소를 '활용목적에 따라 분류하기', '식물 가꾸기'로 추출하였다. 이를 종합하여 **텃밭 가꾸기**로 평가내용을 선정하였다. 실제 학교 텃밭에 채소를 심고, 관리하고, 수확하는 **실습**으로 평가방법을 정하였다.

나는 도시농부다

우리는 몸의 성장 및 유지를 위해 다양한 음식을 먹습니다. 우리가 먹는 음식의 대부분은 자연에서 키워, 우리에게 공급해주는 분들이 계시는 덕분입니다.

우리가 직접 도시농부가 되어 직접 채소를 심고, 관리하고(매일 물을 주며, 해충도 잡는 등), 수확하는 체험을 통하여 농부의 마음을 헤아려보고, 감사의 마음을 가지면 좋겠습니다.

- 과제1. 채소심기 – 모둠 별로 텃밭 상자에 식물 심기 (씨. 모종)
- 과제2. 관리하기 – 텃밭 상자에 물 주고, 해충 잡기
- 과제3. 수확하기 – 채소를 수확하여 친구들과 나눠 먹기

텃밭 가꾸기를 '나는 도시농부다'라고 이름붙이고, 텃밭 가꾸기의 목적과 이를 위해 어떤 과정을 거쳐야 하는지를 표현하였다.

수행과제 단계로 채소심기, 관리하기, 수확하기로 구분하여 제시하고, 구체적으로 어떤 활동을 해야 하는지를 안내하였다.

채점기준

평가요소	채점 척도		
	우수	보통	기초
채소심기 (3, 2, 1)	채소의 특성을 알고, 이에 적합하게 채소 모종을 심음.	텃밭 상자에 채소 모종을 심음.	텃밭 상자에 채소 모종을 제대로 심지 못함.
관리하기 (6 ,4, 2)	채소의 특성에 맞는 관리 방법을 알고, 매일 물주기 및 병충해 관리를 통하여 식물이 튼튼하게 자람.	채소에 맞는 물주기, 병해충 제거 방법을 알고 꾸준히 텃밭 채소를 관리함.	채소 물주기를 놓치거나 병충해 관리가 안 되어 채소가 튼튼하게 자라지 못함.
수확하기 (3, 2, 1)	식물의 특성을 알아 수확하고, 친구들과 함께 나눠먹음.	식물을 수확하고, 친구들과 함께 나눠먹음.	수확하는 방법이 미숙하여 수확물의 손실이 큼.
태도 (3, 2, 1)	모둠 원과 협력하여 도시농부로서 텃밭 가꾸기에 정성을 다하여 참여함.	모둠 원과 협력하여 텃밭 가꾸기에 참여함.	모둠 원과 협력하지 못하고 텃밭 가꾸기 참여가 저조함.

텃밭 가꾸기 채점 척도의 평가요소를 채소심기, 관리하기, 수확하기, 참여하기로 선정하였다.

평가요소 1. '채소심기'는 채소의 특성에 따라 모종이나 씨앗을 심고, 그 특성에 맞게 심었는가로 진술하였다.

평가요소 2. '관리하기'는 채소 가꾸기의 가장 중요한 요소이다. 한 번 놓치면 회복할 수 없다. 따라서 채소의 특성에 맞는 관리 방법을 알고, 매일 물주기 및 병충해 관리로 식물이 튼튼하게 자랄 수 있게 하는 정도를 나타내었다.

평가요소 3. '수확하기'는 채소를 직접 수확하고, 수확한 채소를 친구들과 서로 나눠먹을 수 있는지를 진술하였다.

평가요소 4. '태도'는 2인1조로 편성하고, 돌아가면서 텃밭을 관리하는 것으로 선정한 만큼 모둠원과 협력하여 도시농부로서 텃밭 가꾸기에 정성을 다하여 참여하였는가를 진술하였다.

평가기준

우수	13점 이상		보통	12-10점		기초	9점 이하

수행평가 운영하기

학교에서는 생명존중 교육차원에서 저학년부터 다양한 생물을 키운다. 주로 교실에서 키우기 쉬운 꽃이나 선인장을 키우게 된다. 초등학교 3학년에는 식물의 한살이를 배우기 위해 과학시간에 1학기 동안 식물을 직접 키우면서 씨가 발아하여 싹이 나고, 싹이 자라서 꽃이 피고, 열매를 맺는 과정을 주로 생물의 생장 관점에서 배운다.

식물은 관상용도 있지만 대부분 음식의 재료로 활용하기 위해서 키운다. 5학년의 식물 키우기는 경제적 관점에서 식물을 재배한다. 이번에 수행평가는 텃밭 가꾸기로 가을 채소를 키우고, 수확물을 친구들과 나누는 목적으로 구성하였다.

도시학교의 특성상 텃밭의 공간이 없어 양지바른 학교 조회대 뒤편에 대형 화분을 설치하여 채소를 재배하였다. 화분의 흙 관리는 학교 담당자가 미리 준비해주어서 시작이 수월했다.

텃밭 가꾸기를 하기 전에 학교에 채소 가꾸기 전문가를 초빙하여 채소의 특성과 한살이 과정, 채소를 키우고 관리하는 방법을 학생들에게 지도하였다. 특히 물주기와 병충해 관리에 대해 집중해서 알려주었고, 추후 병충해 관리에 한 번 더 도움주시기로 하였다. 또한 수행평가 기준안을 설명하면서 채소 키우기는 한 번의 실수도 허락되지 않고, 한 번의 실수가 채소에 결정적인 피해를 입힐 수 있으니 주의해야 한다는 것을 다시 한번 강조하였다.

텃밭 가꾸기를 위해 2인 1모둠으로 편성하였고 모둠별로 화분을 1개씩 배정하였다. 화분에 심을 수 있는 채소로는 배추, 무, 상추, 쪽파를 준비하였다. 배추, 상추는 모종을 제공하였고, 쪽파와 무는 씨를 제공하였다. 화분에는 배추 4포기, 상추 9포기, 무와 쪽파는 발아 문제가 있어 줄심기를 할 수 있도록 충분히 제공하였다. 모둠별로 심고 싶은 채소의 종류를 선택하고 모종과 씨를 심었다.

모둠별로 가꾸는 채소에 따라 물주기와 관리 방법을 제대로 알고 있는가를 확인하는 차원에서 친구들에게 키우는 채소를 소개하는 시간을 가졌다. 이를 통해 다양한 채소를 가꾸는 방법을 학습할 수 있었다.

채소를 9월에 심어 11월 중순까지 지속적으로 관리하지 않으면 제대로 된 채소 수확을 할 수 없기 때문에 한순간도 방심할 수 없었다. 학생들이 관리한다고 하지만 교사 입장에서 매일 출근길에 채소를 확인하고, 피드백이 필요한 모둠에겐 피드백을 줘야 했다. 또한 물주기만 하는 게 아니라 솎아내기, 병충해 관리 등 채소를 가꾸는 데 손이 많이 가고, 열심히 관리한 모둠과 그렇지 않은 모둠이 차이가 나기 시작했다. 아침마다 확인한 것을 피드백해주고, 채소가 더 잘 성장하는 것을 보면서 과정중심평가의 효과를 경험하게 되었다.

텃밭 가꾸기의 마지막은 역시 수확이다. 수확한 채소를 돼지 수육에 쌈 싸먹는 것으로 텃밭 가꾸기를 마무리하였다.

수행평가 제언하기

텃밭 가꾸기는 학생들 개개인이 직접 채소를 키우고 수확하는 기쁨을 느끼게 한다. 화분 수량이 적어 1인 1화분이 아니라 2인 1화분으로 가꾸다보니 서로 미루거나, 한 명이 전담하게 되는 사례가 있어 따로 불러 지도한 적이 있었다.

또한 채소 가꾸기의 전체적인 사항을 한 번에 지도하고, 학생들에게 방치하기보다는 각 단계마다 학생들과 실제 실습을 통해 지도할 필요가 있다. 병충해 관리법을 식물을 키우기 전에 알려주는 것도 의미가 있지만 실제 병충해가 발생했을 때 병충해 제거 방법 및 관리 방법을 적기에 알려주는 것이 더욱 효과적이다.

수확물의 나눔도 학생마다 자기 수확물에 대한 애착이 대단하여 쉽지는 않았다. 이때 농부의 마음을 지도하면서 급식 시 음식물을 남기지 않거나 음식에 대한 소중함을 함께 지도하면 효과적이다.

나만의
연필꽂이
만들기

문항설계

단원	4. 생활과 기술	평가방법	실습
성취기준	일상생활에 필요한 생활용품을 목재, 플라스틱 등을 이용하여 창의적으로 만들 수 있다. [6실05-04] 다양한 재료를 활용하여 창의적인 제품을 구상하고 제작한다.		
평가내용	목제품 만들기		

수행과제

나만의 연필꽂이 만들기

우리 생활 속의 제품은 목재, 금속, 플라스틱 등의 다양한 재료로 이루어져 있습니다. 이 중 목재는 자연 상태에서 생산된 것으로 아름다운 무늬가 있어 창의적인 제품을 제작하기에 알맞은 특징이 있습니다. 또한 감촉이 좋고 부드러워 가공하기도 쉽습니다. 목재의 특성을 이용하여 생활에 필요한 연필꽂이를 창의적으로 제작해봅시다.

- 과제1. 연필꽂이에 필요한 부품들을 보고 연필꽂이의 모양 구상하기
- 과제2. 도구를 활용하여 만들기
- 과제3. 창의적인 아이디어로 꾸미기

〈주의사항〉
- 망치질과 사포질을 할 때 안전에 유의한다.
- 주위 친구와 안전거리를 확보하고 제품을 만든다.

채점기준

평가요소	채점 척도		
	우수	보통	기초
완성도 (5, 4, 3)	도구의 올바른 사용방법을 익혀, 제품을 견고하고 사용하기 편리하게 완성함.	도구의 올바른 사용방법을 익혀, 제품을 견고하게 완성함.	목판 사이의 연결이 견고하지 않고 사용하기에 편리하지 않음.
심미성 (5, 3, 1)	사용자의 특성을 고려하여 디자인한 후, 물감을 사용하여 창의적으로 표현함.	사용자의 특성을 고려하여 디자인한 후, 물감을 사용하여 표현함.	사용자의 특성을 고려하지 못한 채 물감을 사용하여 표현함.
안전성 (5, 3, 1)	실습과정에서 나타날 수 있는 안전사고를 알고, 친구들과 안전거리를 확보하여 만들기 활동에 참여함.	안전사고가 일어나지 않도록 친구들과 안전거리를 확보하여 만들기 활동에 참여함.	안전 의식이 부족함.

평가기준

우수	13점 이상		보통	10-12점		기초	9점 이하

수행평가 운영하기

실과에서 대표적인 실습활동 중에 목공이 있다. 과거에는 목공활동을 하려면 목재에 마름질하기, 톱질하기, 사포질하기, 못 박기, 니스 칠하기를 통해 실제 제품을 만들며 전체 과정을 실습하였다. 교사 입장에서 공구를 다루다보니 늘 긴장하고, 안전사고가 나지 않도록 엄하게 수업을 진행했다. 그럼에도 불구하고 꼭 톱질을 하면서 손을 다치거나 허벅지를 다치는 등 안타까운 사고도 있었다. 다행스러운 것은 당시 부모님들은 대부분 이런 교육활동에서 일어나는 안전사고에 대해서는 너그러운 편이었다.

목공은 이제 일상생활에서 쉽게 접하기 어려운 활동이 되었다. 학교 환경에 따라 목공실을 두어 여전히 목공의 기본부터 차근차근 배우는 학교도 있지만 대부분은 그렇지 못하다. 이런 실태를 반영하듯 시중에서 판매되는 목공용 학습준비물이 키트화 되어 있어 학생이 새로운 물건을 구상하여 마름질하고, 톱질하는 부분이 생략되어 있다. 따라서 학생들에게 이 부분에 대해 수업시간에 다루기는 하지만 실제로 실습으로 이루어지지 못한다. 또한 수행평가에서도 다룰 수가 없다.

학생들에게 수행평가 기준안을 설명할 때 이 부분도 강조했다. 이미 제품은 구상되어 있으니 목제품의 완성도, 완성된 제품을 사용자 취향에 맞게 꾸미는 것, 안전에 유의하여 참여하는 것을 평가 목표로 제시하였다.

학생들에게 키트에 나와 있는 목제품의 조립 방법과 함께 들어있는 공구들의 사용 방법을 안내하였다. 실습을 위해 운동장으로 이동하기 전에 교실에서 각 목재에 못 박을 위치를 표시하고서 이동하였다. 키트에 포함된 장도리는 안전하지만 실제 못을 박는 데 실용성이 떨어져서 학교에 있는 장도리를 제공하였다. 이번 작업은 혼자하기 어려워 짝끼리 활동하도록 구성하였으며, 짝의 역할은 못을 박을 때 목재가 흔들리지 않도록 잡아주는 것으로 제한하였다. 자칫 잘하는 학생이 다른 친구를 도와주어 실습활동을 경험하지 못하는 문제를 사전에 차단하기 위해서다.

못을 박고 사포질을 마무리한 뒤 교사에게 1차 확인을 받을 때 제품 조립의 완성도가 떨어진 부분을 안내하고, 다시 고칠 수 있게 했다. 이렇게 확인하는 과정에서 잘못된 부분을 수정할 기회를 제공해 제품의 완성도뿐 아니라 학습효과도 극대화할 수 있었다.

목제품 조립을 완성한 뒤는 제품 꾸미기 단계이다. 아크릴 물감을 이용하여 사용자의 취향에 맞도록 꾸미도록 하였다. 완성된 연필꽂이의 사용자가 누구냐에 따라 그 사용자가 좋아하는 모양, 색깔, 의미를 담아 칠하도록 하였다.

연필꽂이를 완성한 후 제품 설명회를 통해 왜 이렇게 꾸몄는지를 친구들에게 설명하는 과정을 마지막으로 실습을 마무리하였다.

수행평가 제언하기

목공의 전체 과정을 배우고 체험하는 것은 아주 이상적인 목공수업이다. 하지만 현실적인 환경을 고려할 때, 이렇게 수업을 운영하기는 어렵다. 혼자 운동장에서 30명 학생들의 목공품을 점검해주고, 안전요소에 대해 살피는 것은 더 어려웠다. 학교에는 다양한 전문가가 있는데 목공 전문가는 시설주무관이다. 이 전문가를 교실로 초빙하여 함께 수업해보는 것을 권하고 싶다. 그 분 또한 바쁘시지만 자신의 전문성으로 학생을 지도하는 역할을 긍정적으로 생각하고 계셨다.

또한 2015개정교육과정에서는 **다양한 재료를 활용하여 창의적인 제품을 구상하고 제작한다.**라는 교육과정 성취기준처럼 목재가 아닌 학생들이 다루기 쉬운 재료를 활용하여 생활 속에서 편리하게 활용할 수 있는 물건을 구상하고, 제작하는 경험을 제공해야 한다. 꼭 목공이어야 한다는 생각에서 벗어나야 한다. 물론 학교에 목공실을 갖추고 있고, 이를 지도할 능력이 있는 교사가 있다면 목재를 활용하여 구상하고, 제품을 만드는 과정 또한 의미 있을 것이다. 하지만 현재 삶 속에서 목공이라는 것은 전문가, 마니아의 영역이지 모든 사람의 실제 생활에서 꼭 필요한 기능은 아니다. 초등학교 교육목표의 관점에서 보았을 때에도 꼭 강제해야 할 시점은 지나지 않았나 생각이 들었다.

문항설계

단원	1. 나의 가정생활	평가방법	자기보고법
성취기준	[6실03-05] 가정 일을 담당하고 있는 가족원들의 역할을 탐색하고, 가정생활에 미치는 영향을 이해한다. [6실03-06] 자신의 위치에서 할 수 있는 가정일을 찾아 계획하고 실천한다.		
평가내용	가족원의 역할을 이해하고 자신이 할 수 있는 가정 일을 찾아 실천하기		

이번 수행평가의 성취기준인 **가정 일을 담당하고 있는 가족원들의 역할을 탐색하고, 가정생활에 미치는 영향을 이해한다.**와 **자신의 위치에서 할 수 있는 가정일을 찾아 계획하고 실천한다.**를 분석하면 가정에 다양한 일이 존재함을 알고, 가족구성원들이 저마다 해야 할 일을 알며, 실천을 통해 행복한 가정이 되도록 이바지하는 데 목적이 있다. 따라서

가족구성원 중의 한 명인 학생이 스스로 가정에서 해야 할 일을 찾아서 다른 구성원과 협의하여 역할을 정한 후 꾸준히 실천하기로 하고, 평가 방법은 **자기보고법**으로 선정하였다.

수행과제

행복한 우리 집 프로젝트

우리 집에는 다양한 가정 일이 많습니다. 누군가는 꼭 해야 할 이 일을 우리 가족 구성원 모두가 골고루 나누어 한다면 가족 모두가 행복해질 수 있습니다. 내가 할 수 있는 가정 일을 정하여 가족에게 알리고, 꾸준히 실천해봅시다.

- 과제1. 가정에서 내가 할 일 정하고, 가족에게 알리기
- 과제2. 2주 동안 매일 실천하고 기록한 후 선생님께 확인받기
- 과제3. 프로젝트를 마친 후 가족과 소감나누기

가정에서 자신이 해야 할 역할을 정한 후에 가족 구성원들에게 확인을 받고 2주 동안 매일 실천하도록 구성하였다. 2주 동안 매일 아침에 등교한 후에 자신이 한 일을 자기 평가한 내용을 선생님께 확인받게 했다. 2주 동안의 프로젝트를 마친 후에 가족과 나눈 소감과 실천한 후의 느낌을 쓰도록 구성하였다.

채점기준

평가요소	채점 척도		
	우수	보통	기초
역할 분담의 적절성 (3, 2, 1)	가족 간의 협력과 배려를 실천하기 위한 역할 분담계획에서 내 역할이 현실적이고 적절하다.	가족 간의 협력과 배려를 실천하기 위한 역할 분담계획에서 내 역할이 현실적이나 부족하다.	가족 간의 협력과 배려를 실천하기 위한 역할 분담계획에서 내 역할이 실천이 어렵다.
실천하기 (6, 4, 2)	내가 맡은 가정 일에서 역할을 충실하게 실천하였다.	내가 맡은 가정 일에서 역할을 6~9일 실천하였다.	내가 맡은 가정 일에서 역할을 5일 이내로 실천하였다.
실천의 내면화 (3, 2, 1)	역할 실천을 통하여 가정 일의 소중함과 가족 간의 협력의 필요성을 알게 되었다.	역할 실천을 통하여 가정 일의 소중함을 알게 되었다.	역할분담 실천을 하였으나 필요성을 느끼지 못하였다.

성취기준을 분석하여 평가요소를 세 가지로 선정하였다. 역할 분담의 적절성, 실천하기, 실천의 내면화로 구성하였다.

평가요소 1. '역할 분담의 적절성'은 학생 수준에서 할 수 있는 역할인지, 너무 과도하거나 부족한 역할을 정하지 않았는지를 확인하였다. 이를 통해 학생들이 수준에 맞는 역할을 맡을 수 있도록 안내하였다.

평가요소 2. '실천하기'에서는 학생들의 자기 평가의 결과로 평가하지 않았다. 매일 자신의 역할을 성찰하고 자기 평가한 결과를 선생님께 확인받으며, 피드백을 통해 내면화하는 것을 평가의 목적으로 두어 지속적으로 점검받을 수 있게 하였다.

평가요소 3. '실천의 내면화'는 선생님이 가정에서 학생의 역할을 함께 확인하는 단계로 교사가 가정에서 역할을 직접 확인하지 못하는 상황에서 가족구성원이 2주간의 역할나눔에 대해 서로 이야기 나눈 것을 정리하는 것을 평가하도록 구성하였다.

평가기준

우수	10점 이상

보통	7-9점

기초	6점 이하

수행평가지

행복한 우리 집 프로젝트

• 행복한 가정을 위해 내가 할 수 있는 가정일을 쓰고, 가족에게 알리세요.

내가 할 수 있는 가정일	가족 확인

• 실천 기록 및 자기 평가

(우수:◎, 보통:○, 기초:△)

날짜	실천한 일	자기 평가	선생님 확인

가정 일의 역할을 실천하면서 느낀 점(역할, 가족 간의 협력, 배려)을 쓰시오.

수행평가 운영하기

이번 수행평가는 '행복한 우리 집 프로젝트'로 가정에서 해야 할 일을 구성원이 적절하게 나누어서 역할을 수행했을 때 가족 모두가 행복할 수 있다는 생각으로 계획하였다.

수행평가는 가정에서 과제물로 평가하는 것을 지양하고 있다. 하지만 성취기준의 특성상 가정에서 하는 일을 학교에서 이론적으로 역할을 나누고 구성하는 것으로는 현실적으로 학생 스스로가 성취기준에 도달했다고 보기에 어렵다. 따라서 가정에서 해야 할 일을 조사하고, 실제 가정에서 담당하는 사람을 알아본 뒤, 가정의 일이 적절하게 배분되었나를 가족구성원끼리 이야기 나누도록 하였다. 활동이 실제 가정에서 엄마가 주로 하게 되는 가정의 일을 가족구성원이 나눌 수 있는 계기가 되도록 유도하고 싶었다.

　이런 의도에 따라 이번 프로젝트는 학생이 가정에서 할 수 있는 일을 선정하여 가족구성원의 확인을 받는 것으로 시작하였다. 2주 동안 매일 했던 일을 자기 평가하도록 하였다. 과거에도 이런 수행평가를 하게 되면 대부분의 학생은 제출 마지막 날 건성으로 자기 평가하고 제출하는 것을 본 적이 있다. 물론 대부분 자기 평가는 매우 우수하다. 이것은 교육적 의미보다는 요식행위일 수밖에 없다. 이를 해결하기 위해 매일 아침에 선생님께 어제 자신이 가정에서 했던 역할을 자기 평가하여 확인받도록 했다. 자기 평가한 결과를 누계하기보다는 스스로를 돌아보는 것을 목적으로 하였다. 스스로 우수하다고 평가한 학생에게는 격려를, 미흡하다고 한 친구에게는 이유를 물어 보았다. "어제 학원에서 늦게 와서 역할을 못 했어요"라고 답한 친구에게는 오늘은 잊지 않고 열심히 하자는 한마디 피드백으로도 충분한 동기부여가 되었다.

　매일 아침 10분만 들이면 학생들의 평가와 피드백을 마무리할 수 있었다. 이렇게 2주간의 프로젝트를 마치고 가정에서 자신의 역할에 대해 성찰과 가족과의 대화를 통해 스스로의 행동 변화와 느낌을 정리하여 제출하는 것으로 프로젝트를 마감하였다.

　대체적으로 학생들은 자신이 가정에서 할 수 있는 일은 앞으로도 꾸준히 하겠다고 발표했다. 느낌보다 더 긍정적이었던 피드백은 가정에서 가사를 주로 맡는 어머니의 피드백이었다. "가족 모두가 가사의 책임자로서 역할을 수행하니 부담도 줄고 정말 행복한 집이 된 것 같다"는 메모를 보고서 이번 수행평가의 목표를 충분히 달성했다고 판단할 수 있었다.

수행평가 제언하기

　학생 평가를 가정에서 확인한다는 점을 두고 공정성, 신뢰성, 객관성에 대해 고민을 많이 한다. 그런데 성취기준에 따라서는 교사가 직접확인하기 어려운 것도 많다. 특히 실천하기, 습관화하기, 태도 지니기등은 교사가 직접 확인하기 더욱 어렵다. 이럴 경우에는 학생 스스로가자신을 평가하고 이 기록을 평가에 반영할 수도 있다. 다만 학생들이자기 평가한 결과의 누계보다는, 꾸준히 성찰한 횟수로 접근하는 것이더 효과적이다. 또한 교사가 학생에게 확인하는 수행평가가 중복 운영되지 않아야 한다. 사회, 도덕, 실과 등의 자기 보고할 내용이 하루에 한개만 평가될 수 있도록 사전에 조율하여 운영해야 한다.

나는 요리사

문항설계

단원	가정 생활과 안전	평가방법	실습
성취기준	[6실02-02] 성장기에 필요한 간식의 중요성을 이해하고 간식을 선택하거나 만들어 먹을 수 있으며 이때 식생활 예절을 적용한다.		
평가내용	안전에 유의하여 간식 만들기		

수행과제

나는 요리사

간식을 먹고 싶을 때 인스턴트 음식이나 패스트푸드를 먹는 것보다, 건강을 생각한 간식을 먹으면 몸이 더 튼튼해져 성장기에 아주 좋습니다. 그 중에서도 삶은 달걀은 영양소가 골고루 들어있으면서도 만들기가 간편하여 성장기 어린이에게 좋은 건강간식이 됩니다. 다음 〈주의사항〉에 유의하여, 삶은 달걀을 만들어봅시다.

〈주의사항〉
- 안전에 유의하면서 조리하기
- 시간을 잘 지켜 달걀을 알맞게 삶고, 접시에 담아 잘 차리기
- 조리 용구를 깨끗하게 정리하기
- 모든 과정에서 모둠원과 협력하여 활동하기

채점기준

평가요소	채점 척도		
	우수	보통	기초
안전수칙 지키기 (3, 2, 1)	안전수칙을 정확히 알고, 단계별로 안전에 유의하면서 조리를 함.	안전에 유의하며 조리함.	안전에 유의하지 않고 조리함.
음식 완성하기 (5, 3, 1)	달걀을 먹기 알맞게 삶아, 접시에 담고 잘 차림.	달걀을 삶아, 접시에 잘 담아 냄.	달걀을 삶았으나 제대로 삶아지지 않음.
정리정돈하기 (3, 2, 1)	사용한 조리 용구를 종류별로 깨끗하게 정리함.	사용한 조리 용구를 정리함.	조리 용구 정리가 미흡함
협력하기 (3, 2, 1)	모둠원과 서로 격려하며 협력적으로 과제를 수행함.	모둠원과 협력하여 과제를 수행함.	모둠원과 협력이 부족함.

평가기준

우수	11점 이상

보통	7~10점

기초	6점 이하

예술

예술과는 수행평가에 가장 적합한 교과이다. 예술교과는 교육과정 성취기준 상 지식의 습득여부를 기능으로 표현하는 데 방점을 두는, 기능 중심교과이다.

음악과 교육과정에서 제시한 기능을 살펴보면 노래 부르기, 악기로 연주하기, 신체 표현하기, 만들기, 표현하기, 구별하기, 발표하기, 참여하기, 조사하기 등이 있다. 주로 활용하는 평가방법은 실기와 조사보고서이다. 실기는 악기 연주, 노래 부르기, 발표하기 등으로 세분화할 수 있다. 과거의 평가방법을 실기로만 제공했던 것을 학생들이 구체적인 평가장면을 평가방법으로 제공하는 것이 학습자의 학습안내 관점에서 보다 효과적이다.

미술과 교육과정에서 제시한 기능을 살펴보면 체험영역에서는 탐색하기, 반응하기, 발견하기, 나타내기, 관련짓기를, 표현 영역에서는 관찰하기, 상상하기, 계획하기, 방법 익히기, 발전시키기, 구체화하기, 표현하기를, 감상 영역에서는 이해하기, 설명하기, 비교하기, 분석하기 존중하기를 제시한다. 평가방법으로 체험과 표현영역은 주로 실기로 평가하고 있고, 감상영역은 조사보고서, 논술형, 글쓰기 평가를 활용하고 있다.

예술교과의 평가는 그리기와 만들기, 노래 부르기와 악기 연주하기 등의 기능 중심에서 체험하고 경험하고, 표현하고, 관찰하기 등으로 확장되고 있다. 평가방법 또한 실기능력의 향상 중심에서 삶에서 예술을 향유하고, 공감할 수 있는 형태로 변화하고 있다.

문항설계

단원	4. 노래로 하나 되어	평가방법	프로젝트
성취기준	생활 속에서 음악을 활용하며 즐길 수 있다.		
평가내용	작은 음악회 참여하기		

    교육과정 성취기준 **생활 속에서 음악을 활용하며 즐길 수 있다.**를 분석하여 평가내용을 **작은 음악회 참여하기**로 정하였다. 학생들이 스스로 작은 음악회의 무대를 꾸미고, 프로그램을 진행하며, 참여하는 것으로 평가방법을 **프로젝트**로 정하였다.

우리들의 작은 음악회

음악은 우리의 삶 곳곳에서 다양하게 활용됩니다. TV 광고, 드라마, 영화 등 일상 속에서 음악의 역할은 매우 중요합니다. 따라서 우리가 음악을 잘하는 것 뿐 아니라, 일상 속에서 음악을 잘 즐기는 것 역시 중요합니다.

한 학기 동안 배운 다양한 곡들 중 하나를 선택하여 '작은 음악회'에 참여하는 경험을 통해 생활 속에서 음악을 활용하는 즐거움을 느껴봅시다.

- 과제1. 가창, 기악 중 하나를 선택하여 팀 만들기 (1명~3명씩)
- 과제2. 교과서에서 배운 곡 중 하나 선택하기
- 과제3. 팀 별로 계획서를 작성하고 연습하기
- 과제4. 작은 음악회에서 발표하기

〈주의사항〉
- 5학년 수준에 맞는 음악을 선택합니다.
- 최소 1절 이상 발표합니다.

※ 사회자를 모집합니다. 희망자가 많을 시 오디션을 개최합니다.

수행과제에는 음악이 일상생활에서 어떻게 활용되는가를 설명하고, 우리가 학교에서 배운 음악을 발표하는 과정을 통해 음악회 참여 및 관람의 기회를 제공하고자 수행과제를 구성하였다.

수행과제를 제시할 때 학생들이 음악회를 준비할 순서대로 과제를 제시하였고, 학생들이 발표해야 할 음악의 수준과 범위를 안내하였다.

채점기준

평가요소		채점 척도		
		우수	보통	기초
선곡과 표현력 (3, 2, 1)		학년의 수준에 맞는 곡을 선택하여, 곡의 분위기를 살려 표현함.	학년의 수준에 맞는 곡을 선택하여 표현함.	학년의 수준에 맞지 않는 곡을 선택하여 표현함.
기악/ 가창 공연하기 (3, 2, 1)	기악	바른 자세와 주법으로 자신감 있고, 음정과 박자에 맞게 악기를 정확하게 연주할 수 있음.	바른 자세와 주법으로 악기를 연주할 수 있음.	바른 자세와 주법으로 악기를 연주하는 것에 어려움을 느낌.
	가창	바른 자세와 호흡으로 자신감 있고, 음정과 박자에 맞게 노래를 정확하게 부를 수 있음.	바른 자세와 호흡으로 노래를 부를 수 있음.	바른 자세와 호흡으로 노래를 부르는 것에 어려움을 느낌.
음악회 감상하기 (3, 2, 1)		연주자를 배려하여 바른 자세로 음악을 감상하며, 음악회 관람 예절을 알고 즐기며 관람함.	연주자를 배려하여 바른 자세로 음악회를 감상함.	연주자에 대한 배려와 음악회 관람 예절에 대한 이해가 필요함.

채점기준의 평가요소를 선곡과 표현력, 공연하기, 음악회 감상하기로 구성하였다.

평가요소 1. '선곡과 표현력'은 학년의 수준에 맞는 곡을 선택하여, 곡의 분위기를 살려 표현하는가를 확인하기 위한 항목이다.

평가요소 2. '기악/가창 공연하기'에서는 학생들이 참여한 가창, 기악에서 배운 내용에 맞게 충실하게 표현했는가를 기악과 가창으로 나누어서 확인하였다.

평가요소 3. '음악회 감상하기'에서는 바른 관람 태도를 익힌다. 학생들은 공연자인 동시에 관람자이다. 학교에서 발표회 준비보다는 바른 관람 자세를 가르치고 확인하기가 더 어렵다. 따라서 음악의 생활화는 공연을 관람하는 태도도 무척 중요하다. 연주자를 배려하여 바른 자세로 음악을 감상하고, 음악회 관람 예절을 알고 즐기며 관람하는가로 구성하였다.

평가기준

우수	8점 이상		보통	7–5점		기초	4점 이하

수행평가 운영하기

이번 수행평가는 '우리들만의 작은 음악회'라는 주제로 수행평가를 진행하였다. 1년 동안 배운 노래와 악기 연주 능력을 친구들에게 뽐내는 시간이다. 요즘 대부분 학교에서는 학급 학예회를 실시하고 있다. 과거의 학예회는 형식적인 뽐내기였다. 그를 위해 학급 전체가 2주 이상을 준비해서 학부모님께 학생들의 재능을 자랑하는 시간이었다. 다양한 재능이 있는 학생들에게 학교나 학급의 프로그램을 강제하는 시간이기도 했다. 학예회는 내가 잘하는 것을 친구들에게 표현하는 시간

수행평가지

작은 음악회 계획서

1. 조원

2. 발표곡

(가창, 기악)

3. 소개글 (사회자가 보고 바로 읽을 수 있는 멘트 적기)

4. 공연에 필요한 준비물(선생님께 요청할 준비물)

이기도 하지만, 1년 동안 학급교육과정을 운영하면서 배운 지식과 기능의 성취를 보여주는 시간이다. 일종의 종합평가인 것이다.

음악과 교육과정의 생활화 영역에서 학생들이 음악을 통해 참여한다는 교육과정 성취기준을 바탕으로, 학생들이 주도적으로 준비하는 '작은 음악회'를 구상하였다. 처음의 기초적인 아이디어 구상은 교사의 몫이었다. 교사의 생각을 학생들에게 설명하고, 이를 운영하기 위한 세부적인 사항은 학생들과 협의를 통해 맞춰갔다.

첫 번째 협의는 '무엇을 발표할 것인가'였다. 학생들 중에는 자기가 잘하는 것과 학급 교육과정 외에서 배운 노래를 부르고 악기를 연주하고 싶다고 했다. 물론 그렇지 않은 학생이 더 많은 것도 사실이다. 과연 이것이 우리 음악회의 취지에 맞는지에 대해 협의한 결과 1년 동안 교육과정 안에서 배웠던 노래와 악기 연주로 제한하기로 협의를 보았다.

두 번째 협의는 발표 규모였다. 모든 학생이 참여한다는 것과 3인 이내로 발표한다는 것을 전제로 하였다. 3인의 구성은 제비뽑기와 희망하는 학생끼리 하자는 의견이 나와서 협의 끝에 희망하는 학생끼리 하고, 혼자서 어려울 경우에는 선생님이 추가로 편성하기로 하였다.

세 번째 협의는 발표시간이었다. 여러 명이 조를 이룰 경우 한 곡이 아닌 두 곡을 연주하도록 하였고, 1인 발표는 최소한 1절은 부르기로 하였다.

네 번째 협의는 준비시간이었다. 교육과정 안내에서 발표회를 진행하고자 하는 원래 취지에 따라 음악시간에 편성하고, 부족한 경우에는 점심시간과 쉬는 시간에 운영하기로 하였다.

다섯 번째 협의는 운영방법이다. 음악회의 진행을 누가 할 것인가였다. 음악회 진행은 남여 한 명씩 맡기로 협의했고, 사회자는 희망자가 하며, 경합 시에는 오디션을 보기로 하였다.

여섯 번째 협의는 발표회에 누구를 초대할 것인가였다. 교사 입장에서 많은 사람이 발표회에 왔으면 좋겠다고 생각했고, 최소한 학부모들은 초대해야겠다고 생각했지만, 학생들의 입장은 그렇지 않아서 교과전담 선생님만 초대하기로 결정하였다. 학급 학예회를 대체한다고 최초 교육과정 때 협의했다면 학부모들을 초대했을 텐데 교육과정을 진행하는 중에 있었고, 또 다른 학부모 초대 행사가 있어서 그렇게 진행하기엔 어려움이 있었다. 교육과정을 시작할 때부터 체계적으로 구상할 필요를 느꼈다.

함께 협의한 내용을 바탕으로 수행평가 기준안을 만들어 학생들에게 배부하고 설명하였다. 교사가 점검해야 할 첫째는 발표 조였다. 소외되거나 혼자하기 어려워하는 친구에게는 조 편성을 조정해주기도 하였다. 조 편성이 완료된 조에는 발표계획서 양식을 나누어주었다. 양식의 내용은 발표자, 발표 유형(가창, 기악)과 발표 곡, 발표할 때 사회자의 소개 자료로 구성하였다. 발표계획서에 따라 작은 음악회 프로그램을 만들고, 추후 사회자가 조에 대한 소개를 할 때 활용하기 위해서였다.

발표 연습을 위해 음악시간 2시간을 지정했다. 악기와 노래 부르기 연습이 교실공간에서는 부족하여 옆에 있는 유휴교실을 개방하여 연습장소를 확보했다. 아이들이 나누어지니 교사가 더 바빠졌다.

발표회 무대 꾸미기 및 안내 포스터를 음악시간에 만들었고, 실제 무대 뒷면을 꾸미며 음악회를 준비하였다. 음악회에 발표자로 참가하는 것 못지않게 중요한 것은 관객의 입장에서 음악회에 참여하는 것이다. 이미 수행평가 기준안을 설명할 때 채점기준에서 관객으로서 지켜야 할 예절에 대해 충분히 설명했지만 음악회를 시작하기 전에 다시 한번 강조하였다.

사전 설명 때 충분히 발표회에 대해 공유하고 수행평가 기준안을 미리 안내해서인지, 실제 발표회 때 관객들의 태도는 최고였다. 시작할 때 환영의 박수, 발표 중의 경청, 끝나고 나서 응원 및 격려의 리액션이 그간 보지 못한 우리 반의 모습 같았다.

발표회가 끝난 후 돌아보기 활동에서 학생들이 가장 인상적으로 느낀 점인 관객의 역할에 대해 많은 이야기가 나왔다. 발표할 때 친구들이 자신을 바라보고 응원하는 모습이 처음에는 긴장되고 어색했지만 공연을 성공적으로 마무리 하는 데 많은 도움이 되었다는 것이다. 또한 친구들과 준비하면서 갈등하고 연습하면서 힘들었다는 이야기도 나왔다.

학교행사를 교육과정 안에서 운영하자는 말은 예전에도 많았다. 하지만 실제로 진행하기 어려웠던 이유는 학교 단위로 행사가 진행되거나 사전에 교육과정을 살피기 어려웠기 때문이다. 교사의 적극적인 교육과정 상상력이 필요한 시기이다. 교사의 교육과정 상상력이 학생의 배움을 촉진할 수 있다는 말을 다시 상기할 수 있는 시간이었다.

수행평가 제언하기

학교에서 계획하는 행사를 교육과정 안에서 융통성 있게 운영하기 위해서는 각 교과의 교육과정 성취기준을 교사가 인지하고 있어야 한다. 학급교육과정 발표회의 취지에 맞게 국어연극과 음악의 가창, 기악발표를 종합한다면 다채롭고 의미 있는 학급학예회가 될 것이다. 또한 별도의 평가가 아닌 수행평가와 통합하여 운영할 수 있다.

문항설계

단원	2. 마음을 담아	평가방법	가창
성취기준	[6음01-01] 악곡의 특징을 이해하며 노래 부르거나 악기로 연주한다.		
평가내용	민요의 특징을 살려 노래 부르기		

　　교육과정 성취기준인 **악곡의 특징을 이해하며 노래 부르거나 악기로 연주한다.** 라는 성취기준을 분석하면, 학년수준에 맞는 '노래 부르기', '악기 연주하기'로 평가요소를 선정할 수 있다. 이를 하나로 선택하기 보다는 1학기에는 노래 부르기를 평가내용으로 선정하였고, 2학기에는 악기 연주로 선정하여 운영하였다.

수행과제

우리 소리를 찾아서

우리나라 민요는 지역에 따라 분류하며, 각자 고유한 특징이 있습니다. 이번 수행평가는 남도민요인 '둥당기 타령'을 친구와 짝지어, 아래 사항에 유의하여 민요를 불러봅시다.

〈주의사항〉
– 남도민요 특유의 시김새(떠는소리, 꺾는 소리)를 표현하기
– 민요의 메기고, 받는 부분에 맞게 노래 부르기
– 민요의 장단에 맞춰 부르기

※ 민요는 짝과 역할을 바꾸어 두 번 부릅니다.

노래 부르기를 위한 수행과제로 우리나라 전통민요 중 남도민요인 둥당기 타령을 선정하였고, 학생들에게 수행평가 과정과 유의할 점을 제시하였다. 특히 교사가 평가할 때 꼭 확인할 내용을 미리 제시하고, 채점기준에서도 안내하는 등 수행과제를 통해 학생들이 무엇을 어떻게 해야 하는가를 구체적으로 안내하였다.

채점기준

평가요소	채점 척도		
	우수	보통	기초
시김새 (5, 3, 1)	가족 간의 협력과 배려를 실천하기 위한 역할 분담계획에서 내 역할이 현실적이고 적절함.	가족 간의 협력과 배려를 실천하기 위한 역할 분담계획에서 내 역할이 현실적이나 부족함.	남도민요 특유의 시김새 떠는 소리와 꺾는 소리를 전혀 표현하지 못함.
		남도민요 특유의 시김새인 꺾는 소리 표현은 잘하나 떠는 소리 표현이 부족함.	
메기고, 받기 (3, 2, 1)	전통민요 부르는 방법인 메기고, 받는 부분의 특징을 알며, 역할에 맞게 부름.	전통민요 부르는 방법인 메기고 받는 부분의 특징을 알고 있으나 박자를 놓칠 때가 있음.	전통민요 부르는 방법인 메기고 받는 부분의 특징은 알고 있으나, 제대로 수행을 못함.
장단에 맞춰 부르기 (5, 3, 1)	장단에 맞춰 정확한 박자와 음정으로 곡 전체를 부를 수 있음.	장단에 맞춰 부르나 박자와 음정이 맞지 않는 부분이 있음.	박자와 음정이 맞지 않음.

채점기준의 평가요소를 시김새, 메기고 받기, 장단 맞춰 부르기로 구성하였다.

평가요소 1. '시김새'는 남도민요의 고유한 특징인 꺾는 소리와 떠는 소리를 표현할 수 있는 가를 확인하였고, 시김새 2개 중에 1개가 아닌 구체적으로 표현하여 추후 학생에게 피드백할 수 있도록 구분하여 제시하였다.

평가요소 2. '메기고 받기'는 우리나라 전통민요의 대표적인 부르기 방법이다. 2명이 짝을 이루어 서로 반복하여 메기고, 받는 역할을 서로 번갈아 가면서 확인하려고 했다.

평가요소 3. '장단에 맞춰 부르기'는 고유가락의 특성에 맞는 장단과 음정에 맞춰 곡 전체를 완창할 수 있는가를 확인하기 위해 구성하였다.

평가기준

우수	11점 이상		보통	10–8점		기초	7점 이하

수행평가 운영하기

음악 교과에서 가장 많이 활용되는 평가가 가창, 즉 노래 부르기이다. 각 학년마다 위계가 다른 음악요소가 반영된 평가가 있다. 과거에는 양악 중심의 가창이었다면 최근 교육과정 개정 이후에는 국악이 절반 이상을 차지하게 되었다. 따라서 가창 노래 곡명도 우리나라 전통 민요가 많아졌다.

5학년에서 다루게 되는 가창 주제곡은 남도민요인 '둥당기 타령'을 수행평가 과제로 제시하였다. 과제를 제시하기 전에 곡에 대해 이해하고 연습하였다. 남도민요의 특징인 시김새에 대한 이야기, 우리나라 민요의 전통적인 부르기 기법인 메기고 받기, 가락의 특징을 살려 완창하기를 충분히 학습하였다. 여러 가지 전통민요 중에서 이 곡을 선정한 이유는 시김새가 잘 나타나 있을 뿐만 아니라 배우는 동안 학생들이 가장 흥겹게 참여했기 때문이다.

늘 그렇듯이 수행평가를 하기 전에 수행평가 기준안을 학생들에게 배부하고, 수행평가의 목적, 수행평가 운영, 수행평가 채점기준을 충실하게 설명하였다. 이번 수행과제는 2명이 1개조가 되어야 하기 때문에 앞뒤 번호가 짝을 지었다. 짝 짓는 방법은 학생들과 협의를 많이 했는데 희망자, 제비뽑기, 앞뒤 번호 등 다양하게 나와 전에 사용하지 않은 방법을 활용하였다. 재평가를 할 때에는 희망자끼리 할 수 있다고 안내하여 학생들이 짝 때문에 내 능력을 제대로 발휘하지 못 한다는 생각을 갖지 않도록 했다.

평가받는 날 다시 한번 채점기준을 설명하였다. 학생들에게 준비할 시간을 준 이후 가위바위보를 통해 발표 순서를 앞뒤 번호 중 누가 우선인지를 결정하고 평가하였다. 이번 평가는 주고받는 역할을 서로 수행해야 하기 때문에 연속해서 두 번 노래를 부르도록 하였다.

학생들은 평가를 받으러 오면서 나누어준 수행평가 기준안에 이름을 써서 교사에게 제출한다. 교사는 평가한 결과를 수행평가 기준안의 채점기준에 맞게 점수를 부여하고, 그 결과를 바로 알려주면서 피드백을 실시했다. 특히 시김새 부분에서 떠는 부분과 꺾는 부분을 세밀하게 안내하였다. 이렇게 평가결과를 안내하면 추후 재평가를 희망할 때 더 연습해야 할 부분을 짚어주는 효과가 있다.

평가가 끝났지만 불만을 가진 학생들이 있었다. 짝 때문에 잘할 수 있었는데 아쉬웠다고 했다. 학생들에게 사전에 안내한 바와 같이 재평가는 희망하는 학생들끼리 할 수 있도록 하였다. 재평가에 꼭 참여해야 할 학생은 평가기준의 가장 낮은 단계인 '기초'를 받은 학생이고, 중간 단계의 학생들은 희망하는 학생들만 받도록 하였다.

학생들은 배울 때에도 열심히 익혔지만, 평가를 받거나 다른 학생들의 평가를 관람하면서 오히려 배움이 커졌다고 했다. 결국 평가의 목적은 등급 구분이 아니라 모든 학생이 성공적으로 목표에 도달하도록 도와주는 것이다. 이 말처럼 평가하는 교사, 평가받는 학생 모두에게 유익한 활동이었다.

수행평가 제언하기

가창은 특정 곡명보다는 여러 곡 중에서 선택하게 했으면 어땠을까라는 생각이 뒤늦게 들었다. 또한 짝을 필요로 할 때 짝 선정은 어떻게 해야 좋은 평가환경을 조성할 수 있을까 고민하게 된다. 모든 선택에는 분명히 이유가 있고, 그 선택은 완벽할 수 없으며 장단점이 있는 것을 이해하고 있음에도 어떤 방식으로 평가할지 선택하기는 어려웠다.

이번 가창의 경우에는 학기 중에 배웠던 여러 곡 중에서 선택하게 했으면 어땠을까 했다. 아니면 필수곡과 선택곡으로 구성하는 것도 좋았을 것 같다. 평가결과에 따른 피드백과 재평가 사이에 반드시 교사가 부족한 부분에 관해 다시 배움의 기회를 제공해야 재평가의 의미가 퇴색되지 않는다.

또한 일상생활에서 노래는 일할 때, 좋은 날 흥을 돋거나 축하해줄 때, 기분 좋을 때 자신의 감정을 표현하기 위해 부르는 경우가 있다. 그런데 학교에서는 가창 시험을 보기 위해 자기 순서를 기다리면서 떨리는 마음으로 시험이라고 생각하면 당연히 학생이 가진 본연의 실력이 나오지 않는 게 당연하다. 평가가 삶과 유리되지 않고 삶속에서 이루어지도록 장면을 구성해야 한다.

문항설계

단원	2. 마음을 담아		평가방법	기악
성취기준	[6음01-01] 악곡의 특징을 이해하며 노래 부르거나 악기로 연주한다.			
평가내용	리코더 연주하기			

　　교육과정 성취기준인 **바른 자세와 호흡으로 노래 부르거나 바른 자세와 주법으로 악기를 연주한다.**라는 성취기준을 분석하면, '바른 자세와 호흡으로 노래 부르기', '바른 자세와 주법으로 악기 연주하기'로 평가요소를 선정할 수 있다. 평가요소 두 가지 모두를 할 필요 없이 하나를 선택하면 되고, 한 방식으로만 평가하기보다는 학기나 학년을 달리하여 두 가지 평가요소를 모두 적용하는 게 좋다. 이번 학기에는 평가내용을

리코더 연주하기로, 평가방법은 **기악**으로 선정하였다.

수행과제

리코더 연주하기

바른 자세와 주법으로 리코더를 연주하여 친구들에게 노래에 담긴 분위기와 느낌을 잘 표현하여 봅시다.

1. 지정곡 연주하기
   - 교과서 「숲 속을 걸어요」
2. 자유곡 연주하기
   - 『리코더의 달인』의 곡 중 1곡 선택

   과제수행 시

   - 연주할 때의 바른 자세
     - 턱은 약간 아래쪽으로 당긴다.
     - 가슴을 펴고 어깨의 힘을 뺀다.

   ※ 텅잉을 하며 리코더의 주법에 맞게 연주한다.
   ※ 끝까지 연주한다.

채점기준

평가요소	채점 척도		
	우수	보통	기초
꾸준한 연습 (3, 2, 1)	리코더 연주를 꾸준히 연습하고 성실히 수행하였음.	리코더 연주를 꾸준히 연습함.	리코더 연주를 꾸준하게 연습하지 않음.
바른자세 (3, 2, 1)	바른 자세와 주법으로 자신감 있게 악기를 연주할 수 있음.	바른 자세와 주법으로 악기를 연주할 수 있음.	바른 자세와 주법으로 악기를 연주하는 것에 어려움을 느낌.
악기 연주 (3, 2, 1)	알맞은 텅잉을 하며 박자에 맞게 정확히 연주할 수 있음.	텅잉을 하며 박자에 맞게 연주할 수 있음.	텅잉을 하며 박자에 맞게 연주하는 것에 어려움을 느낌.
연주 완성도 (3, 2, 1)	곡 전체를 완벽히 연주할 수 있음.	곡 전체를 연주할 수 있음.	곡 전체를 연주하는 것에 어려움을 느낌.

채점기준의 평가요소로 성취기준 분석에 따른 평가요소인 바른 자세, 주법, 연주 완성도에 꾸준한 연습을 추가하였다. 보통 성취기준을 분석한 평가요소만을 채점기준에 반영하는 경우가 많다. 하지만 교사가 교육과정을 운영할 때 중점을 두거나 수행과제 자체를 수행하면서 꼭 필요하다고 하는 사항을 추가하여 채점기준을 선정할 수 있다. 따라서 이번에 한 학기 동안 『리코더 달인』 악보자료를 통해 지속적으로 연습하고 단계에 도달하였는가를 평가요소에 반영하여 학생에게 리코더 연습 및 단계적으로 선생님에게 확인하는 것을 강조하였다.

평가기준

우수	11점 이상	보통	10-8점	기초	7점 이하

수행평가 운영하기

음악에서 가창과 함께 가장 많이 배우는 것이 기악이다. 기악이란 악기를 배워서 직접 연주하는 것이다. 초등학교 5학년이 되면 리코더와 단소를 배우게 된다. 물론 교육과정 운영에 따라서 단소 대신에 소금을 배우는 곳도 있고, 리코더는 4학년에 배우고 5학년에는 다루지 않는 경우도 있다.

우리 학교는 5학년 1학기에는 리코더, 2학기에는 단소를 학생에게 지도하고 있다. 악기 연주는 한 번에 모든 것을 배울 수 없고, 지속적인 연습이 필요하다. 또한 학생별로 수준 차이가 있어 교과서 노래를 지도하기에는 어려움이 있다. 교사 자료 창고에서 리코더 단계별 연주곡을 편집하여 '리코더 달인되기' 자료를 학생 전체에게 나누어 주어 1학기 동안 음악시간과 점심시간에 리코더 단계별 검사를 실시하여 학생들의 리코더 연주 능력이 향상되도록 학습시켰다.

평가를 위해 사전에 '리코더 달인되기' 자료를 배부할 때 수행평가 기준안을 제공하였다. 교과서에 배운 1곡은 필수로 하였고, 리코더 달인의 15-20번 사이의 곡 중에서 1곡을 선택하도록 하였다. 평가시기는 6월 중으로 한정하였고, '리코더 달인되기'를 마무리 한 학생에 한하여 평가기회를 제공하였다. '리코더 달인되기' 맨 앞장에 학생의 진도를 확인 받을 수 있는 공간을 마련하여 그 학생의 학습 수준을 쉽게 파악할 수 있도록 했다.

처음에는 리코더 텅잉 방법, 운지법 등 기초적인 것부터 쉽게 설명하였고, 어느 정도 수준에 오르게 되면 혼자서 연습하게 해 결과만 확인하였다. 또한 리코더 연주 능력이 부족한 친구에게는 리코더를 잘하는 친구에게 배울 수 있도록 짝을 편성해주기도 했다.

채점기준을 설명할 때 학생들에게 연주능력과 더불어 꾸준히 '리코더 달인되기'를 검사해야 한다는 것을 설명하였기에 학생들이 적극적으로 참여하였고, 리코더 도움 친구와 함께 검사하도록 유도하여 참여도를 향상시켰다.

그 결과 대부분의 학생의 리코더 연주능력이 눈에 띄게 향상되어 중간 이상의 리코더 실력을 가지게 되었다.

수행평가 제언하기

악기 연주처럼 기능을 다루는 평가는 학생들마다 수준 차이가 천차만별이다. 리코더를 사전에 배워 5학년 수준의 리코더 연주 능력을 초월한 학생들도 몇 명 있었지만, 아직 리코더 운지도 제대로 못하는 학생들도 있었다. 교사가 사전 진단활동에서 확인한 후에 잘하는 학생들을 리코더 보조강사로 위촉하여 부족한 친구들에게 도움을 주도록 운영하면 좋다.

또한 모든 기능 교과가 마찬가지지만 교사의 지속적인 관심과 확인이

필요하다. 장기간의 과정일수록 학생들은 나태해질 수 있고, 하기 싫어
하는 경우가 있다. 따라서 단계를 사전에 설정하는 것도 좋은 방법이될
수 있다.

문항설계

단원	3. 자연 속에서	평가방법	표현하기
성취기준	[6음01-02] 악곡에 어울리는 신체표현을 한다.		
평가내용	노래에 어울리게 신체표현하기		

교육과정 성취기준인 **악곡에 어울리는 신체표현을 한다.**를 분석하면
악곡의 전체적인 분위기와 특징 파악하기와 이에 어울리는 신체표현을
하는 것이다. 평가내용으로 **노래에 어울리게 신체표현하기**로 선정하였
고, 평가방법은 **표현하기**이다.

수행과제

노래에 어울리게 신체표현하기

노래의 가락, 리듬, 빠르기 등에 따라 곡의 분위기와 느낌이 달라집니다. 사람마다 경험이 다르고 생각이 다르기 때문에 같은 노래를 듣고도 다르게 느낄 수도 있습니다. 노래의 느낌을 살려 노래와 어울리는 신체 표현을 구상하여 발표해봅시다.

1. 구상 및 연습하기
 - 팀 별 노래를 정한다. (교과서에 있는 곡을 선택)
 - 노래의 분량은 1절 이상(2분 내외)으로 한다.
 - 노래의 분위기와 어울리는 신체표현을 구상한다.
2. 발표하기
 - 자신감 있게 표현한다.

과제수행 시

> ※ 신체표현의 구상 방법
> • 노래를 선택할 때 대중가요는 선택하지 않는다.
> • 팀 별로 선택한 노래의 분위기를 파악한다.
> • 노래의 분위기에 맞는 신체표현을 정한다.
> • 팀원과 협력하여 활동한다.

※ 신체표현 시 바른 자세
• 구상한 신체표현을 기억한다.
• 자신감 있게 발표한다.

    노래를 듣고 느낌을 신체로 표현하는 것은 일상생활에서 많이 볼 수 있다. 특히 요즘 학생들이 방송에서 보는 아이돌 가수의 안무 또한 노래의 가락, 리듬, 빠르기에 어울리도록 신체로 표현하는 방법의 하나이다.
    이번 과제는 모둠과제로, 팀별로 노래를 선정하고 신체표현을 구상한 뒤 발표하는 것으로 계획하였다. 팀별로 신체표현 구상과 표현을 위한 모둠별 시간을 별도로 주었다. 신체표현 구상하기 활동 전에 유의사항을 제시하여 방송 댄스 활동 및 5학년 수준에 맞지 않는 음악선정 및 표현이 일어나지 않도록 안내하였다.

채점기준

평가요소	채점 척도		
	우수	보통	기초
구상하기 (3, 2, 1)	노래의 분위기와 느낌을 정확히 파악하여 그에 어울리는 신체표현을 구상할 수 있음.	노래와 어울리는 신체표현을 구상할 수 있음.	노래와 어울리는 신체표현을 구상하지 못 함.
표현하기 (3, 2, 1)	자신감 있고 정확한 동작으로 음악에 맞추어 신체표현을 함.	자신감 있는 동작으로 신체표현을 함.	자신감이 다소 부족하나 신체표현에 참여함.

참여하기 (3, 2, 1)	과제를 수행하기 위해 서로 격려하고, 배려하며, 팀원과 협력하여 신체표현 활동에 참여함.	팀원과 협력하여 신체표현 활동에 참여함.	표현 활동을 위해 팀원과 협력이 필요함.

　채점기준의 평가요소로 신체표현을 구상하기, 표현하기, 활동에 참여하기로 선정하였다.

　평가요소 1. '구상하기'는 노래의 분위기와 느낌을 파악하여 그에 어울리는 신체표현을 구상하는 것을 확인하였다.

　평가요소 2. '표현하기'에서는 모둠원 전체가 구성한 안무를 음악에 맞추어 자신감 있고, 정확하게 동작을 표현하는가를 확인하였다.

　평가요소 3. '참여하기'에서는 과제를 수행하기 위해 신체표현 안무를 구성하고, 연습하고, 표현하는 과정에서 서로 격려하고, 배려하며, 협력하면서 활동에 참여하는가를 확인하였다.

평가기준

우수	8점 이상

보통	5–7점

기초	4점 이하

수행평가 운영하기

　초등학교 고학년 학생 중 소수를 제외한 대다수에게는 음악에 맞춘 신체표현이 쉽지 않다. 특히나 자신이 좋아하는 아이돌 가수의 음악에 맞춰 추는 방송 댄스가 아니라 음악교과서의 나와 있는 동요나 클래식에 맞춰 신체로 표현하기는 더더욱 어렵다. 이를 보완하기 위해 표현

단위를 모둠별로, 모둠구성은 제비뽑기로 구성하였다.

활동을 돕기 위해 음악의 분위기와 느낌 표현하기, 느낌에 어울리는 신체표현은 어떤 것인지, 노래의 가락, 리듬, 빠르기 등에 따른 곡의 분위기와 느낌의 변화, 사람마다 경험이 다르고 생각이 다르기 때문에 같은 노래를 듣고도 다르게 느낄 수 있다는 점 등을 다양한 영상을 통해 알아보았다.

수행과제를 학교에서 준비할 수 있도록 모둠별로 구상할 시간과 연습할 시간을 포함하여 2시간을 주었다. 발표는 모둠별로 3분 이내로 하였고, 음악은 최소 1절 이상이라고 안내하였다. 학생들이 발표할 때 동료평가를 활용하였다.

수행평가 제언하기

학생들이 수행과제를 준비하고 표현하는 데 꽤 많은 노력이 필요하다. 또한 힘들게 준비한 과제를 평가만을 위해 반 학생들 앞에서만 발표하고 끝낸다는 것은 들어간 노력에 비해 아쉬운 부분이 있다. 따라서 신체표현 활동을 학예회에서 발표하거나 점심시간에 발표장소를 마련하여 전교생을 대상으로 발표해보아도 준비한 학생들 입장에서 의미 있는 활동이 될 수 있다.

미술
졸업 포스터

문항설계

단원	4. 함께 걷는 길	평가방법	그리기
성취기준	시각 이미지를 활용하여 의미를 전달할 수 있다. [6미01-04] 이미지를 활용하여 자신의 느낌과 생각을 전달할 수 있다.		
평가내용	졸업포스터 그리기		

　성취기준인 **시각 이미지를 활용하여 의미를 전달할 수 있다.**를 분석하면 '시각적인 이미지를 통해 의미 전달하기'이다. 시각적 이미지를 통해 의미를 전달하는 가장 기본적인 활동이 포스터 그리기이다. 학교행사와 연계하여 졸업식 안내 및 축하의 의미를 담는 **졸업포스터 그리기**로 평가내용을 선정하였다. 평가방법은 **그리기**이다.

수행과제

미술 졸업 포스터

1월 4일 10:00에 예지관에서 2018학년도 졸업식이 열립니다. 졸업식은 6년 동안의 초등학교생활을 잘 마친 것을 축하하는 행사입니다.

졸업식 행사를 여러 사람들에게 효과적으로 알리고, 축하하기 위하여 포스터를 그리려고 합니다. 포스터는 종이 위에 문자나 그림, 사진 등을 사용하여 벽면에 부착하는 것을 말합니다.

졸업을 하는 6학년 선배들을 축하하고, 졸업식을 널리 알리는 목적을 담은 졸업 포스터를 그려봅시다.

※ 완성된 포스터는 졸업식장에 부착됩니다.

〈주의사항〉
- 포스터는 사람들의 눈에 잘 띄어야 합니다. 5색 이하의 강한 색채를 사용하여 표현해보세요.
- 간결하고 명료한 문구와 디자인을 생각해보세요.
- 다양한 표현 재료를 활용하여 독창적인 포스터를 만듭니다.

수행과제를 학생들이 포스터의 특징을 안내하고, 포스터를 그리는 목적과 어떤 의미를 담아야 하는지를 제시하였다. 또한 완성된 포스터가 추후 어떻게 사용될지를 구체적으로 제시하여 학생들이 수행평가에 참

여하는 동기를 부여하고자 했다.

또한 수행과제를 제시할 때 포스터의 목적, 디자인 요소, 창의적인 의미를 함께 제시하도록 과제를 구성하였다.

채점기준

평가요소	채점 척도		
	우수	보통	기초
주목성 (3, 2, 1)	디자인의 구상과 색의 조합으로 사람들의 시선을 끄는 힘이 높음.	디자인의 구상과 색의 조합으로 사람들의 시선을 끔.	디자인의 구상과 색의 조합이 시선을 끌지 못함.
간결성 (3, 2, 1)	간결하고 명료한 문구와 디자인으로 전달하고자 하는 의미를 한눈에 파악할 수 있도록 표현함.	간결하고 명료한 문구와 디자인으로 표현함.	간결하고 명료하지 않아 전달하고자 하는 의미가 한눈에 파악되지 않음.
독창성 (3, 2, 1)	독창적인 구상과 다양한 표현 방법으로 표현함.	독창적인 구상을 하여 표현함.	독창적인 구상 또는 다양한 표현 방법을 활용하여 표현하지 않음.
		다양한 표현 방법을 사용하여 표현함.	
작품 완성도 (2, 1)	작품을 완성함.		작품을 완성하지 못함.

채점기준의 평가요소를 주목성, 간결성, 독창성, 작품 완성도로 구성하였다.

평가요소 1. '주목성'은 포스터의 본연의 목적인 의미를 전달하기 위해 보는 사람의 시선을 사로잡을 수 있는지를 확인하는 요소이다. 디자인의 구상과 색의 조합으로 시선을 끄는 정도를 본다.

평가요소 2. '간결성'은 전달하고자 하는 의도를 간결하고 명료한 문구와 디자인으로 의미를 한눈에 파악할 수 있도록 표현하고 있는가를 살폈다.

평가요소 3. '독창성'은 기존의 포스터가 아닌 새로운 아이디어(표현방법, 디자인)로 다른 사람들에게 포스터의 목적인 의미를 전달하고 있는가를 확인하였다.

평가요소 4. '작품 완성도'는 포스터를 완성해서 행사장에 부착해야 하기 때문에 완성도를 두 단계로 확인하였으며, 모든 학생이 포스터로서 기능을 할 수 있는지를 판단하게 했다.

평가기준

우수	10점 이상		보통	6-9점		기초	5점 이하

수행평가 운영하기

포스터는 훌륭한 의사전달 매체로, 짧은 순간에 글, 그림, 사진 등으로 전달하고자 하는 의미를 보는 이에게 각인시키는 역할을 한다. 이런 효과 때문에 광고에서 많이 활용하기도 한다.

학교에서도 포스터 그리기 활동을 많이 한다. 그런데 학교에서 포스터는 학생들이 가장 힘들어하는 활동 중 하나이다. 4절지에 어떤 의미를 담아 색을 채워 넣는 작업이 초등학생 입장에서는 부담이 큰 것은 사실이다. 또한 미술 교과 활동이라기보다는 계기 교육의 일환으로 운영했었다. 해마다 반복해서 운영하고 있는 계기 교육의 일환이다 보니 포스터는 갈수록 창의적이기 보다는 형식에 치중하게 되고, 교사와 학생 모두 포스터를 제작하는 연유보다는 그 완성에 방점을 두게 되었다.

5학년 담임교사를 자주 맡다 보니 졸업식에 5학년의 학년업무로 졸업식장 꾸미기를 위한 졸업식 포스터 그리기가 주요 업무였다. 학생들에게 포스터에 포함해야 할 의미와 포스터의 특징, 구성을 알려줘도 아이들이 어려워해 작년도에 졸업식장에 부착하면서 찍었던 사진들을 참고용으로 학생들에게 보여줬다. 인터넷에 올라와 있는 사진들은 너무 정형적일 뿐만 아니라 맘에 드는 작품이 없어 습관적으로 다른 학교의 졸업식장에 가서도 포스터가 있으면 참고용으로 쓰고자 찍어 보관하였다. 마치 직업병이라고 생각할 만큼 자료를 모았다. 이유는 우리 반 학생들에게 참고용으로 제시하기 위해서다. 그래야 편안하게 작품을 모방해서 식장을 꾸미는 목적에 도달할 수 있기 때문이다. 이 또한 형식적인 활동이었다.

왜 그럴까? 학생들에게 물어보니 가장 큰 이유는 포스터가 무엇이고, 어떤 특징을 지니고 있으며, 이 포스터가 어떻게 사용되는가에 대해 제대로 배우거나 안내받질 못했다는 것이었다. 어릴 적부터 그려본 빈도가 무색하게 포스터의 의미나 용도를 교육과정 내에서 배워볼 기회가 없었던 것이다. 그래서 올해에는 포스터를 단순히 행사용 작업이 아니라 교육활동으로 전환해보고 싶었다. 이를 위해 2학기 평가계획을 수립할 때부터 졸업식 포스터 그리기를 수행평가 과제로 선정하여 운영하였다.

포스터를 그리기 전에 포스터의 의미와 다양한 포스터의 활용사례, 그리고 포스터의 특징을 충분히 이해시킨 후에 수행평가 기준안을 제시하였다. 특히 수행과제에 이번 활동의 의미와 이 포스터가 어떻게 활용될지를 구체적으로 안내하였다. 특히 졸업식 포스터는 알림과 축하의 의미 중에서 자신이 목적을 선택하여 구상 및 제작하도록 하였다. 작품의 크기는 지정하되 재료는 자유롭게 사용할 수 있도록 하였다. 졸업 포스터를 제작하면서 내년에 여러분들은 졸업식장에서 어떤 포스터를 볼 때 기분이 좋을까와 가장 눈에 띄는 졸업식 포스터는 어떤걸까를 동료 평가해보며 효과적인 포스터의 공통적인 특징 이야기로 수행평가를 마무리지었다.

학교에서 이루어지는 모든 활동은 교육적이어야 하고, 그 활동은 교육과정과 연계되어야 한다는 것은 기본전제이다. 그럼에도 우리 대부분은 자신도 모르는 사이에 관성에 이끌려 관행에 따라 교육활동을 운영했던 경험이 있을 것이다. 교육적 의미는 교사가 어떻게 운영하는가에 따라 달렸음을 다시 한번 느낄 수 있었다.

수행평가 제언하기

미술 교과는 다른 교과와 연계하여 표현의 도구로서 많이 활용되었다. 그런데 최근에 교육과정이 개정되면서 표현 영역뿐만 아니라 체험 영역과 감상 영역도 강조되고 있다. 이제 단순히 표현만 강조하던 수준에서 변화가 필요하다는 뜻이기도 하다. 또한 2015개정교육과정에서 **미술활동에 타 교과의 내용, 방법 등을 활용할 수 있다.**라는 교육과정 성취기준을 제시하면서 이제 적극적인 교육과정 재구성에서 미술 교과의 역할을 강조하고 있다. 학생의 창의성 발현을 위해 다양한 교과의 내용과 방법을 미술 표현 활동에서 적극적으로 활용할 수 있어야 한다.

문항설계

단원	1. 나를 소개해요	평가방법	그리기
성취기준	[6미01-01] 자신의 특징을 다양한 방법으로 탐색할 수 있다.		
평가내용	자화상 그리기		

　　교육과정 성취기준 **자신의 특징을 다양한 방법으로 탐색할 수 있다.**는 자신의 외적인 모습 외에도 자신의 내면과 성격, 특기, 취미, 장래희망, 좋아하는 것, 싫어하는 것 등 자신의 다양한 모습을 찾아보는 활동을 작품 구상하기 단계에서 진행하였고, 평가내용으로 구상된 자료를 바탕으로 다양한 재료를 활용하여 자신을 표현하는 **자화상 그리기**로, 평가방법은 **그리기**로 선정하였다.

자화상 그리기

사람들은 자신만의 고유한 아름다움과 특징을 지니고 있습니다.
나만의 아름다움과 특징을 찾아 표현해봅시다.

1. 자신에 대한 느낌을 글로 나타내기
   - 내면(성격)의 모습, 외면(외모)의 모습을 구별하여 쓰기
   - 성격, 특기, 취미, 특징, 장래희망, 좋아하는 것, 싫어하는 것
2. 글로 나타낸 느낌을 그림으로 표현하기
   - 규격: 16절 크기
   - 재료: 자유
3. 작품 소개하기
   - 시간: 2분 이내

외적인 자신의 모습을 단순하게 표현하는 것이 아니라, 자신의 내적
인 모습인 성격, 특기, 취미, 특징, 장래희망, 좋아하는 것, 싫어하는 것
등을 함께 표현하도록 하였다. 이를 위해 구상하기 활동에서 자신을 성
찰할 수 있도록 마인드맵, 만다라트 등을 활용하여 자신을 찾고, 이를
바탕으로 자신을 표현하도록 구상하였다. 이때 작품의 크기는 16절지
크기로 제한하였으나 작품을 구성하는 재료는 제한하지 않고, 창의적
인 표현이 되도록 열어두었다.

채점기준

평가요소	채점 척도		
	우수	보통	기초
구상하기 (5, 3, 1)	자신의 고유한 내·외적 아름다움과 특징을 찾고, 구체적으로 구상할 수 있음.	자신의 특징을 찾고, 구상할 수 있음.	자신의 특징 찾기를 어려워 함.
작품 완성도 (5, 3, 1)	작품의 구도가 안정적이고, 재료의 특성에 따른 장점을 활용하여 구상한 내용을 구체화하여 세밀하고, 생동감 있게 표현함.	작품의 구도를 고려하였으며, 재료의 특징을 살려 구상한 내용이 나타나도록 표현함.	구도, 채색 등 마무리가 부족하며 구상한 내용을 표현하는 데 미흡함.
소개하기 (3, 2, 1)	자신의 자화상을 표현 의도, 표현 방법을 친구들이 쉽게 이해할 수 있도록 구체적으로 소개함.	자신의 자화상을 친구들에게 소개함.	자신의 자화상을 친구에게 소개하는 것이 서툼.

　채점기준의 평가요소를 '구상하기', '작품의 완성도', '소개하기'로 구성하였다.

　평가요소 1. '구상하기'에서는 만다라트를 활용하여 외적인 모습과 더불어 내적인 자신을 발견하고 이를 구체적으로 표현할 수 있도록 구상하였는가를 보았다.

　평가요소 2. '작품 완성도'에서는 작품의 구도와 구상한 내용을 구체적이고, 세밀하고, 생동감 있게 다양한 재료를 활용하여 표현하였는가를 점검하였다.

　평가요소 3. '소개하기'에서는 자신의 작품을 자신의 특성에 따른 표현 의도가 명확하게 드러나도록 자신을 설명하는지 살펴보았다.

평가기준

우수	10점 이상

보통	6–9점

기초	5점 이하

만다라트 자료

나를 찾아서

5학년 1반 ( )번 이 름(   )

	음식			특기			꿈	
		↖		↑		↗		
			음식	특기	꿈			
		←				→		
			외모		성격			
		↙		↓		↘		
	외모			꿈			성격	

자화상 그리기

1. 나를 찾아보기(성격, 특기, 취미, 특징, 장래희망, 좋아하는 것, 싫어하는 것 등)

만다라트 활용하여 기록하기

2. 구상하기 (표현 방법, 구도, 재료 등)

3. 작품 소개하기(작품 완성 후 작성, 2분 이내 발표)

수행평가 운영하기

5학년 교육과정에서 자화상 그리기는 늘 있어온 활동이었다. 주로 거울을 보고 자신을 그려보는 것으로 학기 초 활동을 시작하고, 교실 뒷면을 장식하여 학부모 공개수업 때까지 붙여놓는 좋은 게시판 장식 그림이다.

자신의 특징을 다양한 방법으로 탐색할 수 있다.는 단순한 외적인 모양에서 그치는 게 아니라 자신을 돌아보고, 자신을 알아보는 것이 더 중요한 것이다. 사진이 등장하면서 대상을 똑같이 그리는 것은 무의미하고, 오히려 대상의 특성을 표현하는 것이 더 중요하다는 점은 알고 있었지만 관성을 거스르기는 쉽지 않다.

이번에는 학급 세우기 때 학생별 자기 소개하기 활동에 자화상 그리기를 포함하였다. 먼저 나 자신이 어떤 사람인지에 대해 생각해본 학생들이 많지 않아 자기 소개하기를 하면 피상적인 내용만을 발표하는 경우가 많아 만다라트를 활용하여 자기를 찾아가는 활동을 먼저 진행하였다. 이를 통해 자신의 외적인 모습과 더불어 내면을 살필 수 있게 하였다.

자신을 나타내는 특성 중에서 작품으로 표현하고 싶은 내용을 선정하고, 구상할 수 있도록 하였다. 특히 여러 참고 작품을 감상하고 다양한 표현 소재를 활용할 수 있게 구상하였다. 구상한 후 재료를 준비할 수 있는 시간을 주기 위해 표현활동은 다음 날 진행하였다.

자신을 표현하기 위한 다양한 준비물이 보였다. 예를 들어 비행기 조종사가 꿈인 아이는 비행기 모형, 사진자료, 옷감, 솜 등을 이용하여 자신을 표현하였다.

표현하기에서는 16절지 크기의 도화지로 제한해서인지 시간은 오래 걸리지 않았다. 1시간안에 충분히 완성하였고, 작품을 통해 자신을 소개하는 시간까지 2교시 안에 마무리 할 수 있었다.

자화상은 단순히 표현에서 머무는 것이 아니라 자신을 성찰하고, 친구들에게 자신을 소개하는 좋은 도구로 활용되어 의미 있는 활동이었다. 또한 자신을 이해하고, 진로를 탐색할 수 있는 진로교육과 연계하는 것도 의미 있다고 생각했다.

수행평가 제언하기

학교에서 이루어지는 모든 교육활동 중 의미 없는 것은 하나도 없다. 다만 이 활동들을 교육과정 성취기준과 어떻게 연결하는가가 중요하다. 이번 자화상 그리기 활동도 단순히 미술시간의 하나가 아니라 학기 초 적응활동인 학급세우기 활동과 연계하여 운영하는 것도 의미가 있었다. 미술의 표현활동은 단순히 자신을 똑같이 잘 그리는 것이 아니라 개성 있고, 특징이 잘 나타내는 것에 더 의미가 있다. 또한 도화지에 물감으로만 표현하는 단순한 그리기 활동에서 탈피하여 다양한 소재를 활용하여 성취기준이 가지고 있는 본래의 목적에 맞게끔 구상할 필요가 있다.

만화
박물관을
다녀와서

문항설계

단원	6. 궁금한 박물관	평가방법	글쓰기
성취기준	[6미03-04] 다양한 감상 방법(비교 또는 단독 감상, 내용 또는 형식 감상 등)을 알고 활용할 수 있다.		
평가내용	박물관 관람 감상문 쓰기		

　5-6학년의 미술 '감상' 영역에서는 우리나라 미술의 특징을 시대적 배경과 관련지어 이해하고, 작품을 감상할 수 있는 기초 능력을 기른다. 이를 위해 우리나라 전통 미술의 특징을 현대 미술과 비교하면서 미술 작품이 시대적 배경과 관련된다는 것을 이해하고, 작품의 내용과 형식을 다양한 방법으로 감상하는 데 중점을 두고 있다. 성취기준 **다양한 감상 방법을 알고 활용할 수 있다.**는 미술 작품에 대한 흥미와 관심

정도, 작품을 자세히 관찰하는 태도, 작품의 배경을 탐구하고 조사하는 태도, 다양한 의견을 존중하는 태도 등을 관찰하고 평가할 수 있도록 구성하였다.

현장체험학습으로 간 만화박물관에서 만화 작품을 감상하고 감상문 쓰기를 평가내용으로, 평가방법은 글쓰기로 정했다.

수행과제

만화박물관을 다녀와서

5학년 현장체험학습으로 만화박물관을 관람할 계획입니다. 박물관 관람 예절에 유의하여 박물관의 전시물을 감상하고, 이를 통해 알게 된 사실이나 느낌이 드러나게 감상문을 작성하여 봅시다.

• 과제1. 박물관 관람 시 지켜야 할 예절을 지키며 작품을 관람하여 봅시다.

※ 박물관 관람 에티켓
 – 작품은 눈으로만 감상하고 작품을 훼손시키지 않습니다.
 – 사진 촬영은 지정된 곳에서만 합니다.
 – 핸드폰은 무음 또는 진동모드로 설정합니다.
 – 뛰어다니지 않습니다.
 – 옆 친구와 이야기할 때는 작은 목소리로 말합니다.

- 음식물을 섭취하지 않습니다.

- 활동하거나 머물렀던 자리는 깨끗하게 정리합니다.

• 과제2. 박물관을 관람하며 알게 된 사실이나 느낌을 간단히 메모하여 봅시다.

채점기준

평가요소	채점 척도		
	우수	보통	기초
감상문 쓰기 (6, 4, 2)	관람 내용과 그에 대한 자신의 생각이나 느낌이 잘 드러나게 씀.	관람 내용과 그에 대한 자신의 생각이나 느낌을 씀.	관람 내용 또는 그에 대한 자신의 생각이나 느낌이 잘 드러나지 않음.
감상 태도 (3, 2, 1)	박물관 감상시 지켜야 할 예절을 잘 지킴.	박물관 감상시 지켜야 할 예절을 지킴.	박물관 감상시 지켜야 할 예절을 지키지 않음.

평가기준

우수	8점 이상

보통	5~7점

기초	4점 이하

만화박물관 관람 감상문 작성하기

5학년 (   )반 (   )번 이 름(   )

〈 인상 깊은 내용 / 새로 알게 된 사실 〉	〈 나의 생각이나 느낌 〉

박물관 감상문 쓰기

5학년 (   )반 (   )번 이 름(   )

제목:

5장

수행평가를 위한 제언

평가 신뢰도
확보 방안

첫째. 학생들에게 사전에 수행과제 및 채점기준을 안내하자.

　수행평가를 실시하기에 앞서 정확한 지침을 학생들에게 안내하고자
하는 학교의 경우에는 수행평가 당일 수행과제를 인쇄물로 제공하거나
칠판에 게시하여 수행평가에 관한 정보를 안내한다. 학생들에게 명확
한 채점기준을 제시하지 않으면 학생들은 자신만의 채점기준에 따라서
수행과제를 완성할 수밖에 없다. 이런 상황이라면 학생들이 저마다의
기준으로 과제를 수행하기 때문에 공정한 평가에 제약이 생기게 된다.
따라서 교사는 사전에 교육과정을 분석하여 학생이 도달해야 할 지식,
기능, 가치·태도를 명확하게 선정하여 채점기준안을 마련하여야 한
다. 최근에는 학생들에게 교사가 사전에 평가를 위해 수행평가 기준안,
즉 성취기준, 수행과제, 채점기준, 평가기준을 사전에 제시하는 사례가

늘어나고 있다. 이를 활용하여 학생은 자기 평가의 도구로 삼을 수 있고, 교사는 평가 후 학생들의 부족한 점을 피드백해주거나, 교사와 학생간에 성취기준 도달정도를 상호 확인할 수 있다. 이러한 과정을 통해 평가에 대한 학생과 학부모의 신뢰를 높일 수 있다.

둘째, 채점기준을 정교화한다.

지필평가는 학생의 성취기준 도달여부를 측정하기 위해 학생 답안지의 정답 여부를 확인하고 그 결과를 학교에서 정한 기준에 맞게 학생에게 제공한다. 그런데 수행평가는 지필평가처럼 정답유무로서 평가를 할 수 없기 때문에 학생의 수행 과정을 정교화된 기준 없이 평가하기 쉽고, 이런 경우엔 정확한 평가결과를 확정하기 어렵다. 또한 교사의 주관과 평가 상황에 따라 평가결과가 얼마든지 달라질 수 있다.

뿐만 아니라 정교화된 채점기준이 없으면 평가결과에 따른 피드백을 제공하기 어렵다. 평가 상황의 순간 교사들의 관찰을 통해 학생들의 수준을 판가름할 수 있을지는 몰라도 모든 학생의 수행 과정을 기억한다는 것은 사실 불가능에 가깝다. 즉 아무리 훌륭한 교사라 할지라도 평가를 제대로 수행한다고 볼 수 없다는 의미이다. 따라서 교사는 학생의 성취기준 도달정도를 제대로 확인할 수 있는 평가요소 및 채점 척도를 명확하게 개발하고, 이를 인지하여 최대한 공정하게 평가하며, 이로써 각 학생에게 적합한 피드백을 제공할 수 있어야 한다.

셋째, 평가 범위가 교육과정, 수업 내용을 벗어나서는 안 된다.

공교육정상화법의 개정으로 선행학습을 지양하고 수업이 교육과정의 범위를 벗어나지 않도록 관리 감독이 강화되고 있다. 또한 집에서 해결하는 식의 과제로 제시되는 과제형 평가는 금지하도록 훈령에 명시되었다. 이는 결국 학생이 처한 사회적 환경이 평가결과에 영향을 주어서는 안 된다는 의미이다. 특히 예체능에서 교육과정에서 다루지 않은 부분을 평가하게 됨으로서 나타나는 문제가 많다.

2015개정교육과정 해설서에 따르면 성취기준에 벗어난 평가는 학생에게는 공교육에 대한 불신을 조장하고, 사교육 의존도를 높이며, 학생의 자존감에도 부정적 영향을 끼친다고 기술하고 있다.

수행평가가 초등에서 '엄마 수행평가', 중고등에서 '고품행 평가'라고 불린 이유를 상기하면 왜 이 부분이 중요한지 이해가 쉬울 것이다.

넷째, 객관성보다는 타당성에 무게를 두어야 한다.

학생 평가에 대한 신뢰성에 학생과 학부모의 민원이 제기되면서 학생 평가의 타당도보다는 객관도와 공정성에 기반한 평가가 주를 이루게 되었다. 농구를 평가하기 위해서는 드리블, 패스, 자세, 참여도처럼 타당도에 적합한 요소를 평가해야 한다. 그런데 교사의 전문성에 따른 주관성이 높은 경우는 민원에 대한 불편함 때문에 타당성보다는 객관성에 비중을 둔 평가방식, 예를 들어 자유투 몇 개 중에 몇 개, 레이업 슛 몇 개 중에 몇 개 등의 요소로 학생의 성취정도를 확인하려는 경우가 많다. 이런 경우 교육적 의미가 있는 학생 평가라고 할 수 없다.

앞으로는 객관성보다는 타당성에 무게를 둔 정확한 채점기준을 학생에게 설명하고, 평가과정에서 발견된 요소들을 통해 적절한 피드백을 해주어 학생 평가가 교사, 학생 모두에게 더 유의미한 과정이 될 수 있도록 해야 한다.

다섯째, 다양한 평가 보조 도구를 활용하라.

교사의 평가 장면은 매우 다양하다. 교사의 관찰한 후 평가할 수 밖에 없어 교사의 컨디션이나 상황에 따라 관찰해야 할 물리적 시간과 공간 등이 여러모로 부족할 수 있어 어려움을 겪는 경우가 있다. 대표적인 것이 실기평가 상황이다. 학생들의 표현 활동, 가창 등은 순식간에 지나가기 때문에 교사가 미처 확인하지 못하는 상황에 놓일 때가 있다. 그렇다고 학생에게 다시 해보라고 요구하는 것은 바람직하지 못할 뿐 아니라 형평성에 어긋날 수 있다. 이런 경우에는 녹음 및 영상촬영을 통해 보완하는 방법이 유용하다.

여섯째, 평가 순서에 따른 이익을 최소화한다.

1명의 교사가 20명 이상의 학생을 동시에 평가하기는 어렵기에 순차적으로 평가하게 된다. 그런데 수행과제에 따라 평가순서가 평가결과에 영향을 미치는 경우도 발생한다. 실기 및 구술평가에서 먼저 한 학생이 불리하다고 항의하는 사례도 종종 있어 평가순서를 제비뽑기하거나 번호별로 역순하는 등 다양한 묘안을 짜내어 이에 따른 불만을 최소하려 노력한다. 하나 이러한 노력에도 불구하고 평가의 순서가 평가결과에 영향을 미친다면 그 평가는 정당한 평가라고 할 수 없다.

어쩌면 수행평가가 갖는 한계일 수도 있기에 뾰족한 묘안이 있는 것은 아니나, 그래도 평가자로서 교사는 순서에 따른 영향을 최소화할 수 있는 도구를 개발하도록 노력해야 한다. 예컨대 구술의 경우에는 동일 난이도의 다양한 주제를 제시하고 그중 하나를 선택하게 하여 앞서 평가한 학생들의 답변을 그대로 따라하지 못하는 장치를 마련하거나 여건이 된다면 장소를 달리하는 등 학생들이 평가결과를 공정하다고 느낄 수 있게 해야 한다.

일곱째, 모둠활동 시 '무임승차효과'를 줄일 수 있는 방법을 강구한다.

모둠활동이 강조되면서 모둠 평가가 현장에서 많이 활용되고 있다. 모둠평가는 학생 상호간의 협력을 통해 상생 가치를 내면화하는 것이 목적이다. 그런데 모둠 구성원에 따라서는 활동에 참여하지 않거나 다른 모둠원에게 일을 전가하는 경우도 있다. 또한 잘하는 친구 한 명이 홀로 수행과제를 완성하고 평가받는 경우도 있다. 이런 경우 설령 혼자 수행했다고 하더라도 모둠 구성원은 똑같은 점수를 받게 된다. 이것은 평가가 가진 본연의 목적을 달성할 수 없을 뿐 아니라 평가 과정에서 불공정함을 가르치는 꼴이 될 수도 있다. 따라서 교사는 모둠활동에서 학생들의 참여를 독려할 수 있는 도구를 개발할 필요가 있다. 가장 많이 활용되는 방법이 모둠 구성원간의 참여도에 대한 동료 평가를 실시하는 방법이다. 또 다른 방법으로 하나의 수행과제에 모둠과제와 개인과제를 혼합하게 하면 무임승차를 줄일 수 있다. 예를 들어 조사보고서 형태의 평가를 할 때 조사보고서 제작까지는 모둠원이 함께하고, 발표문 쓰기를 개인 평가를 하게 되면 실제 모둠활동에 참여하지 않고서는 제대로 된 발표문을 쓰기 어렵게 되므로 모든 학생의 적극적인 참여를 유도할 수 있다.

여덟째, 일회성 평가에서 벗어나야 한다.

한 번의 평가로 학생의 성취정도를 확인하는 것은 쉽지 않다. 당시 학생의 컨디션이 평가결과에 지대한 영향을 미치는 실기평가인 경우는 더하다. 따라서 일회성 평가에서 벗어나 평가횟수를 늘려주어야 한다. 최근 들어 현장에 포트폴리오 평가가 확산되는 것도 학생의 성취정도를 보다 면밀하게 살피고 피드백하기 위해서이다. 1차 평가에서 부족한 부분을 피드백하여 2차, 3차에서 부족한 부분을 노력해 보다 나은 성취 결과를 내면 평가로 학습의 동기를 부여할 수 있고, 평가가 운에 따라 결정난다는 부정적 인식도 줄일 수 있다. 이는 재학습과 재평가의 선순환체제를 구축할 수 있다는 뜻이기도 하다.

아홉째, 자기 평가나 동료 평가를 적극적으로 활용하되 성적 반영은 지양해야 한다.

평가의 패러다임 변화로 학생이 학습의 주도성을 가지고 참여하게 되면서, 자기 평가와 동료 평가 사례가 늘어나고 있다. 먼저 자기 평가는 학습하는 과정에서 스스로를 돌아보고, 메타 인지적 관점에서 자신의 학습정도를 진단하며, 자기주도적 학습을 위한 도구로 매우 훌륭하다. 그런데 평가자의 평가기준이 개인마다 다양해서 이를 평가결과로 반영하는 것은 평가의 신뢰도에 부정적인 영향을 미치기도 한다. 예를 들어 자신의 평가기준이 너무 높아 자기 결과물을 낮게 평가하는 경우와 평가기준이 낮아 스스로를 높게 평가하는 경우가 잦아 현장에서는 신뢰성 제고를 위해 경계해야 한다.

동료 평가는 최근 수업방법 및 평가방법이 경쟁보다는 협력의 관점으로 전환되고, 개인 평가보다는 모둠 평가가 활성화되면서 자주 활용되고 있는 평가방법이다. 동료 평가는 모둠활동에서 교사가 직접 학생을 관찰하기 어려울 때, 또는 모둠활동에서 무임승차를 최소화하는 방법으로 활용되고 있다. 그 외에도 자기 평가방법으로서 평가할 때 학생의 산출물이나 수행을 학생이 직접 평가자로서 역할을 하는 방법이다. 교사가 학생들의 조사 발표나 토의, 토론을 실시하는 과정을 직접 평가할 때 학생들을 참여하게 하는 이유는 두 가지가 있다. 하나는 학생이 평가자가 되면 스스로가 평가기준을 숙지하고, 이를 기반으로 평가하게 되어 스스로 성취목표를 설정할 수 있기 때문이다. 또 하나는 교사가 평가환경 조성 시 평가대상자 외의 학생들의 관리에도 용이하다는 점이다. 그런데 여기에서 나온 평가결과는 학생이 평가자로서 신뢰성을 확보하기 어렵고, 학습의 관점에서 접근하는 것이 바람직하기 때문에 평가결과 반영 여부는 신중히 정해야 한다.

물론 학생들에게 주도성을 심어준다는 차원에서 자기 평가 및 동료 평가는 얼마든지 활용할 수 있으나, 최종적인 평가결과를 주는 경우에는 분명 신중한 판단이 필요하다.

열 번째, 기록방법의 다양한 활용이다.

학생의 수행을 관찰하여 전문가의 관점을 평가에 반영하는 것이 수행 평가이다. 교사는 학생의 수행 과정을 직접 관찰하면서 그 내용을 기록한다. 주로 체크리스트, 평정척도, 일화기록법 등을 활용한다. 그런데 평가를 단순하게 한 가지 기록방법만을 활용하는 사례가 많은데, 하나의 방법이 아니라 세 가지 방법 중 해당 평가 장면을 기록하기에 적절한 기록 방법을 고민해보고 두 가지 방법을 복합적으로 활용해 보는 것도 좋은 방법이다. 다양한 방법으로 학생의 수준을 객관적으로 기록해야 학생의 수준을 보다 실질적이면서도 효과적으로 파악할 수 있다. 뿐만 아니라 충분한 정보에 기반한 피드백을 위해서도 기록을 다양화할 필요가 있다.

계획이란 국어사전을 찾아보면 **앞으로 할 일의 절차, 방법, 규모 따위를 미리 헤아려 작정함. 또는 그 내용**이라고 나와 있다. 이는 계획을 작성하는 당사자에게뿐 아니라 계획서를 받아보는 상대방에게도 의미가 있어야 한다는 뜻이기도 하다.

학급평가계획이란 교사가 학기 초에 해당과목의 성취기준을 분석하여 이를 토대로 교수학습단계를 예상하고 최종적으로 이에 맞는 평가방법을 결정하는 등 단순한 도표의 의미를 넘어 교사들 작성하는 교육과정 전반의 로드맵이라 할 수 있다. 학급평가계획에 어떤 요소를 담아야 하는지는 어디에도 정해져 있지 않다. 다만 보편적으로 교사나 학생, 학부모 모두에게 안내서로도 역할한다는 점을 고려하면 무엇을 담아내야 할 지 그리 막연하지는 않을 것이다.

과거 평가계획으로 학교에서 정해놓은 시험 날짜에 중간, 기말고사를 치러왔는데, 각 학년 및 학급에서도 동일하게 그 날짜에 시험을 볼 수밖에 없었다. 시험범위도 동학년 내에서는 같을 수밖에 없어 진도를 맞춰야 하는 등 각 학급에 따른 교육과정을 기획하거나 운영하기에 한계가 있었다. 그러나 교사별 상시평가 시스템이 도입되는 시·도의 경우엔 교육과정 재구성이 활발하여 진도를 달리하거나 시험 시기도 얼마든지 조정할 수 있게 되었다. 이러한 흐름에서 학급평가계획서가 강조되는 흐름은 당연하다.

학급평가계획서라고 해서 교사들 마음대로 해도 되는 것은 아니다. 경험적 관점에서, 성취기준의 분석은 동학년 선생님들과 함께하는 것이 더 좋다. 교육과정 재구성 역시 동학년 선생님들과 함께하는 것이 낫다. 그럼에도 불구하고 무조건 똑같이 한다고 결정짓기보다는 필요성이나 학급실태에 따라 부분적으로는 교수학습방법나 진도의 학습 시기를 달리할 수 있다는 것이다.

올해 우리 동 학년의 경우 한 선생님은 수학 1단원과 3단원을 연이어 가르치길 원하였다. 1, 3단원이 수와연산 영역이라 이어서 가르치는 편이 낫겠다는 판단했기 때문이다. 반면 다른 두 반은 교과서 배치에 따라 차례대로 가르치길 원하였다. 이러할 때 학급평가계획 수립은 얼마든지 다를 수 있다. 나름의 합리적인 이유가 있다면 형태에 제약 받을 필요가 없다.

학급평가계획서에 반영되는 요소들은 최소한 학년 단위로는 통일되는 것이 낫다. 학급수가 많지 않다면 학교에서 통일된 양식을 쓰는 것도 그리 나쁘지 않다. 학급평가계획 양식도 교원들이 함께 모여 결정해 보면 추후에 학년마다 다른 차이를 설명하는 번거로움을 줄일 수 있다.

물론 이 역시 정해진 바는 없다. 학교 사정에 따라 운영하면 된다.

학급평가계획서에서 성취기준을 선정할 때의 고민이 있다. 학년군 단위로 성취기준이 이루어지다 보니 학급평가계획을 수립할 때도 학년군 단위로 평가계획을 수립해야 한다는 점이다. 그래야 가르쳐야 할 내용이 누락되는 경우를 막을 수 있다. 중복은 문제가 없지만 자칫 누락되어 학생들이 배우지 못하는 경우가 있기 때문이다. 현재 학년군 단위로 계획 수립이 되어 있지 않다면 작년에 어떤 성취기준을 배우고 학습했는지를 살펴서 누락되는 성취기준이 없도록 학급평가계획을 수립해야 한다.

수행평가방법의 종류를 2장에서 살펴보았다. 과거에 알고 있는 방법들을 좀 더 현장에 맞게 구체화해보았다. 어떤 평가방법이라 할지라도 이는 교사의 행위주체에 따른 것이 아니라 학생의 행위에 초점이 맞춰져 있다. 수행평가라고 하면 많은 선생님들이 '관찰' 방법을 떠올리고 또 실제로 많이 사용하고 있는데, 관찰은 '교사가 학생들의 학습 과제 수행 및 결과를 직접 관찰하고 그 결과를 판단하는 평가'라는 수행평가의 정의에서도 살펴볼 수 있듯, 교사들의 관찰을 전제로 한다. 토의토론도 학생들의 수행 과정을 교사들이 관찰할 때 의미가 있고, 실험보고서도 제출된 보고서를 교사들이 직접 읽어봐야 한다는 것이다.

학급평가계획서에 반영되어 있는 다양한 평가방법은 학생들에게 교사 입장에서 어떤 행위를 통해 평가자가 관찰하고 판단할 것인지를 안내하는 방향으로 진술해야 한다.

학급평가계획서에 나타나 있는 평가내용과 평가방법은 상당히 밀접한 관계에 있다. 만일 평가내용 중에 '~조사하기'라는 것이 있다면 당연히 조사보고서 방법이 합당하다. 이처럼 성취기준과 평가내용 그리고 평가방법은 타당도 측면에서도 일관성이 있어야 한다.

성취기준은 학생들이 성취해야 할 여러 능력들을 지식, 기능, 태도 등의 특성으로 구분하여 진술해야 한다. 그래서 어느 경우엔 다소 포괄적이다. 이럴 때 교사들은 성취기준을 분석하여 학습요소를 추출하여 학습단계를 설정하고, 학생들에게 보다 의미 있는 배움이 일어나도록 수업방법을 고민하게 된다. 이러한 흐름에 맞춰 가르치는 동시에 평가할 내용을 추출할 수 있고, 평가내용은 성취기준과 동일할 수 있으며, 보다 구체적일 수 있다.

이처럼 학급평가계획서는 학생, 학부모에게 평가계획을 안내하는 기능과 동시에, 작성하는 교사들에게는 교육과정의 축소판이라고도 볼 수 있을 만큼 유의미한 과정이다.

NEIS의
변화 필요성

NEIS는 2003년 4월부터 시행된 제도이다. 당시를 떠올려보면 말도 많고 탈도 많았다. 그럼에도 불구하고 현재까지 학적뿐 아니라 성적, 인사를 구분할 것도 없이 모두 NEIS에 기록하고 보관한다. 훈령에서 '전산처리함을 원칙으로 한다'는 것은 결국 NEIS를 활용하여야 한다는 것과 같은 맥락이다.

그런데 교육과정의 급속한 변화에도 NEIS 시스템의 기록방법은 크게 변하지 않았다. 음식물이 바뀌면 음식을 담을 그릇도 바뀌어야 한다. 그런데 현재 NEIS는 기록할 내용 중에 어미를 어떻게 변형할지 등과 생활기록부에 무엇을 저장할지 말지 정도 선에서 변화해왔다. 수차례 교육과정이 변경되면서 NEIS 변화의 필요성에 대한 목소리가 커지고 있다. 당장 수년간 입력해오고 있는 교과평가 입력란이 대표적이다. 현재 교과평가를 위해 평가를 실시하기 전에 학년별, 학급별로 각 과목을 영역별로 '성취기준', '평가내용', '평가단계'를 입력하고 있다. 학생 평가를 평가 단계형태로 3~5단계로 제공하는 방식으로는 학생의 현재 상황을 학생과 학부모에게 충분히 제공하지 못하고, 교사에게도 평가 결과에 따른 피드백 자료로 활용하기도 어렵다.

2003년에는 교육과정 성취기준에 대한 개념이 없었다. 그런데 교육 과정이 개정되면서 성취기준이 각 현장에서 많이 활용되고 관심 또한 높아지고 있다. 그래서 '평가내용'이 아니라 '성취기준'으로 바꾸길 제 언한다. 그렇다면 좀 더 평가를 할 때 '초등교사는 성취기준 도달정도 를 평가하고…'라는 훈령과 맞을 뿐 아니라 평가 사안의 명확성을 평가 자에게 보일 수 있다.

또한 상/중/하 내지는 매우 잘함/잘함/보통/노력 요함 등의 정량적 평가가 아닌 학생들의 성취수준의 특성으로 현재의 학생의 결과적 상 태를 있는 그대로 서술하는 방식으로 바꾸라고 제언한다. 이를 현장에 안착시키기 위해서는 몇 가지 과제의 해결이 선행되어야 한다. 먼저, 여전히 성취기준이 너무 많다. 중등과 달리 초등의 경우엔 전담 몇 과 목을 제외하고서 전 과목을 가르쳐야 할 경우 이 모든 것을 위와 같은 방법으로 진술한다는 것은 물리적으로나 현실적으로 너무 어렵다. 그 래서 성취기준을 꼭 학년별로 다시 한번 정제하여 내용과 개수를 적정 화할 필요가 있다.

그리고 평가의 목적을 상기하며 왜 평가를 해야 하는지 인식체계를 확립할 필요가 있다. 이는 어떤 교육행위에서나 필요한 부분인데, 평가 처럼 만만치 않은 일을 할 때는 내적동기를 새롭게 하지 않으면 그 결 과를 처리하면서도 힘만 들지, 새로운 관점을 확립하기 어렵다.

NEIS는 학생의 학교생활을 기록하는 수단이다. 그런데 어느 순간 수단이 목적화되어 교육적 의미도 없는 일에 교사가 혹사당하고 있다. 다음에 개선되는 NEIS에는 실질적으로 학생의 학교생활을 기록할 수 있기를 바란다.

마치며

　이번 책은 평가방법 중 오롯이 수행평가의 내실화에 목표를 두었다.
누군가에게는 익숙한 내용일 수도 있고, 또 누군가에는 차라리 몰랐으
면 하는 내용일 수도 있다. 이는 여전히 평가에 대해 우리 교사들조차
도 긍정적인 인식보다는 부정적인 인식이 강하거나 수행평가를 제대로
실시하고자 할 때 온전히 몰입할 수 없는 학교의 제반 여건 때문일 것
이다.

　평가는 수년간 교육적 기제로서 학교 현장에서 이루어진 과정이자 행
위이다. 평가에 대해 부정적이거나 싫다고 손사래쳐도 이 땅의 국민이
라면 피평가자일 때가 없었던 경우는 단 한 번도 없을 만큼 우리 삶에
밀접한 것이 평가이기도 하다.

　평가의 역효과는 얼마든지 이야기할 수 있지만, 평가의 본질 그 자체
에서는 긍정적인 교육적 효과를 충분히 찾아볼 수 있다. 일정 목표에
도달하였는지 확인하는 과정을 평가라고 정의했을 때, 평가 없이 현재
를 진단하고 피드백 하여 다음 단계로 도약을 이야기하는 것은 거의 불

가능에 가깝다. 하나 안타깝게도 다른 나라와 달리 우리나라는 평가를 대하는 방식 및 인식의 차이로 그동안 우리는 평가의 부작용만 고스란히 겪거나 주었을 뿐이다.

우리나라의 평가는 선발, 분류, 배치의 목적으로 작동되어 왔다. 그래서 줄을 세웠고, 승자독식 패러다임으로 말미암아 평가 결과가 우수한 학생만이 어느 조직에서든 주인공이 되어 왔다. 이제는 달라져야 한다. 특히 학교에서 실시되는 학생 평가는 더욱 달라져야 한다. 그래서 우수한 사람을 선발하기 위한 목적이 아니라, 부족한 부분을 진단해 도와주고 이를 발판으로 처음보다 나중이 나아졌음을 인식하게 하여 행복과 기쁨을 경험하게 하는 교육적 가치로서 평가를 논해야 한다.

사실 이러한 연유로 1999년도에 수행평가가 도입되었다고 해도 과언이 아니다. 그때까지 행해왔던 선발, 분류, 배치의 목적을 더욱 강화하고자 수행평가가 추가된 것은 결코 아닐 것이다. 학생들이 삶을 영위하는 데 필요한 많은 요소 중 일부인 지식만을 가지고 학생의 전부를 판단하기는 부족할 수밖에 없다는 반성의 목소리를 반영하고, 앞으로 살아갈 시대에 지식, 기능, 가치·태도의 균형 잡힌 수업 및 평가가 필요하다는 담론 속에 수행평가가 등장하게 된 것이다. 그런데 여전히 수행평가는 많고 많은 평가 중 하나일 뿐이다. 교사에게나 학생, 학부모 모두에게 피하고 싶은 평가인 것이다.

그럼에도 불구하고 2015개정교육과정에서는 서술형, 논술형 평가를 비롯하여 수행평가의 확대를 이야기하고 있다. 물론 맹목적인 확대는 경계해야 한다. 수행평가가 진정으로 학교현장에 확대 및 안착되어야 하는 최소한의 이유는 생각해봐야 하지 않겠는가.

이번 책에서는 수행평가에 관해 담을 수 있는 모든 것을 담으려고 했다. 수행평가의 도입 배경부터 수행과제 및 채점기준안을 만드는 과정까지 교사들이 맞닥뜨린 현장에 부합한 실제적인 내용들을 엄선하려고 노력하였다. 물론 이와 함께 수행평가 이외의 모든 평가의 목적도 잊지 않고 진술하려고 신경을 썼다. 이는 수행평가를 강조하는 제목 때문에 평가를 위한 평가가 되지는 않을까하는 노파심 때문이기도 하였고, 무엇보다도 탁상공론 보다 실천 경험에 기반한 사례들을 중심으로 선생님들께 실질적인 도움을 주고 싶었기 때문이다.

책 중간 중간마다 수행평가만이 결코 진리가 아니라고 이야기한 것은 수행평가를 위해서는 수업이 바뀌어야하고, 학생들을 바라보는 학생관, 교사들만의 철학이 바로 서지 않는다면 수행평가를 시행해도 큰 의미가 없을 수 있기에 때문이다. 특히 4장에서는 지난 수년간 동일한 여건에서 평가한 바를 수정하고, 성찰한 것을 바탕으로 수행평가를 개선한 사례들을 엄선해보았다. 이 때문에 글이 전반적으로 다소 무거울 수 있다는 생각도 들었다. 낙관적인 이상과 녹록찮은 현실 사이에서 어떻게 글을 써야 도움이 될까 고민한 것도 사실이다. 현실적으로 이 정도만 제시해도 어디냐? 이 정도도 벅차다는 생각과, 그래도 모든 교사가 꼭 이렇게 해야 한다고 강요하지 않는 이상 수행평가가 연출되는 과정을 이상적으로 제시해보는 것 자체도 누군가에게는 의미가 있을 수도 있다는 생각에 고민이 깊었다.

가급적 많은 것을 제시해보려고 하였지만, 수행평가를 처음으로 실시하는 신규교사나 수행평가를 앞으로 더 잘해보려는 교사들은 각자가 할 수 있는 범위에서부터 이를 시작해보는 자체로도 큰 의미가 있으리라 확신한다. 수행평가의 최종적인 목표 역시 학생의 성장과 발달임을 잊지 않았으면 한다.

평가 시리즈의 세 번째 책으로 첫 번째, 두 번째 책에서도 마찬가지였지만, 늘 부족함의 한계를 여실히 느끼고 있다. 평가의 과정이란 언제나 고되고 지친다. 그럼에도 이 책들이 현장에 미욱하나마 도움이 될 것이라는 확신과, 고민하고 실천한 경험을 바탕으로 언제나 함께해주는 초등참평가연구회 배움 친구들이 있어 지금까지 이 길을 걸어올 수 있었다.

아무쪼록 독자 선생님 모두에게 수행평가를 실시하는 동안 답답했던 그 마음들을 조금이나 시원하게 해드렸으면 하는 바람을 담아 이 책을 마무리하고자 한다.

강대일, 정창규